Antonio Gramsci zur Einführung

Thomas Barfuss / Peter Jehle

Antonio Gramsci zur Einführung

JUNIUS

Junius Verlag GmbH
Stresemannstraße 375
22761 Hamburg
www.junius-verlag.de

Umschlaggestaltung: Florian Zietz
Satz: Junius Verlag GmbH
Printed in the EU 2024
ISBN 978-3-88506-084-0
4., unveränderte Aufl. 2024

Bibliografische Information der Deutschen Nationalbibliothek
Die Deutsche Nationalbibliothek verzeichnet diese Publikation in der Deutschen Nationalbibliografie; detaillierte bibliografische Daten sind im Internet über http://dnb.dnb.de abrufbar.

Zur Einführung ...

... hat diese Taschenbuchreihe seit ihrer Gründung 1977 gedient. Zunächst als sozialistische Initiative gestartet, die philosophisches Wissen allgemein zugänglich machen und so den Marsch durch die Institutionen theoretisch ausrüsten sollte, wurden die Bände in den achtziger Jahren zu einem verlässlichen Leitfaden durch das Labyrinth der neuen Unübersichtlichkeit. Mit der Kombination von Wissensvermittlung und kritischer Analyse haben die Junius-Bände stilbildend gewirkt.

Seit den neunziger Jahren reformierten sich Teile der Geisteswissenschaften als Kulturwissenschaften und brachten neue Fächer und Schwerpunkte wie Medienwissenschaften, Wissenschaftsgeschichte oder Bildwissenschaften hervor. Auch im Verhältnis zu den Naturwissenschaften sahen sich die traditionellen Kernfächer der Geisteswissenschaften neuen Herausforderungen ausgesetzt. Diesen Veränderungen trug eine Neuausrichtung der Junius-Reihe Rechnung, die seit 2003 von der verstorbenen Cornelia Vismann und zwei der Unterzeichnenden (M.H. und D.T.) verantwortet wurde.

Ein Jahrzehnt später erweisen sich die Kulturwissenschaften eher als notwendige Erweiterung denn als Neubegründung der Geisteswissenschaften. In den Fokus sind neue, nicht zuletzt politik- und sozialwissenschaftliche Fragen gerückt, die sich produktiv mit den geistes- und kulturwissenschaftlichen Problemstellungen vermengt haben. So scheint eine erneute Inventur der Reihe sinnvoll, deren Aufgabe unverändert darin besteht, kompetent und anschaulich zu vermitteln, was kritisches Denken und Forschen jenseits naturwissenschaftlicher Zugänge heute zu leisten vermag.

Zur Einführung ist für Leute geschrieben, denen daran gelegen ist, sich über bekannte und manchmal weniger bekannte Autor(inn)en und Themen zu orientieren. Sie wollen klassische Fragen in neuem Licht und neue Forschungsfelder in gültiger Form dargestellt sehen.

Zur Einführung ist von Leuten geschrieben, die nicht nur einen souveränen Überblick geben, sondern ihren eigenen Standpunkt markieren. Vermittlung heißt nicht Verwässerung, Repräsentativität nicht Vollständigkeit. Die Autorinnen und Autoren der Reihe haben eine eigene Perspektive auf ihren Gegenstand, und ihre Handschrift ist in den einzelnen Bänden deutlich erkennbar.

Zur Einführung ist in der Hinsicht traditionell, dass es den Stärken des gedruckten Buchs – die Darstellung baut auf Übersichtlichkeit, Sorgfalt und reflexive Distanz, das Medium auf Handhabbarkeit und Haltbarkeit – auch in Zeiten liquider Netzpublikationen vertraut.

Zur Einführung bleibt seinem ursprünglichen Konzept treu, indem es die Zirkulation von Ideen, Erkenntnissen und Wissen befördert.

Michael Hagner
Ina Kerner
Dieter Thomä

Inhalt

Vorwort

Antonio Gramsci, geboren 1891 in Sardinien, kommt zum Studium nach Turin, wird Journalist, Theaterkritiker, Sozialist. Von der Russischen Revolution mitten ins Zeitgeschehen versetzt, wird er zum führenden Kopf der Turiner Rätebewegung, Mitbegründer der Kommunistischen Partei, zu ihrem Vertreter in der Internationale, zum Abgeordneten im Parlament in Rom. Am Abend des 8. November 1926 wird er in seiner Wohnung verhaftet. Lange schon hat er damit rechnen müssen, von faschistischen Schlägertrupps angegriffen oder ermordet zu werden. Gramsci macht sich keine Illusionen: Sein durch einen Buckel auf Rücken und Brust missgebildeter Körper, den er als Kind durch Gewichtheben zu kräftigen suchte, wird nicht lange standhalten.

Ustica, eine Insel für Verbannte bei Sizilien: Dreimal wird Gramsci in Handschellen und zusammengekettet mit drei anderen Häftlingen auf ein Boot gebracht, dreimal müssen sie wegen rauer See umkehren, bevor die Überfahrt gelingt. Die ›Politischen‹ organisieren Schulungskurse. Gramsci kümmert sich um den historisch-literarischen Teil. In einem Brief schildert er die Verhaftung eines Schweins: Man packt es an den Hinterbeinen, und während es höllisch quietscht, wird es wie eine Schubkarre ins Gefängnis geschoben. Das Tier weidete »unerlaubterweise auf der Dorfstraße« (GB II, 74). Gramsci hat einen Sinn für komische und absurde Szenen. In Turin, als Theaterkritiker, ist er zum Entdecker Pirandellos geworden.

Während des drei Wochen dauernden, kräfte- und nervenzehrenden Gefangenentransports zurück in den Norden, wo der Prozess vorbereitet wird, schreibt er: »Ich bin nicht über einen ziemlich engen Kreis hinaus bekannt, daher wird mein Name aufs Unwahrscheinlichste entstellt: Gramasci, Granusci, Gràmisci, Granísci, Gramàsci bis hin zu Garamàscon.« (GB II, 83) Hätte er sich träumen lassen, dass sein Name einst nach demjenigen Dantes zu den weltweit meistzitierten eines Italieners gehören würde, sicher hätte er noch »Gramski« in die Liste aufgenommen, auf dass sich auch unter Deutsch- und Englischsprechenden die italienische Aussprache seines Namens herumsprechen möge: »Gramschi«. – In Palermo werden die Gefangenen auf unbestimmte Zeit in einem Depot untergebracht. Kriminelle, Mafiosi, Politische stellen sich vor. Als Gramsci seinen Namen nennt, erkennt ihn doch einer: »Gramsci, Antonio?« »Ja, Antonio.« Der andere mustert ihn lange. »Kann nicht sein«, erwidert er, »denn Antonio Gramsci muss ein Riese sein und nicht so ein kleiner Mann.« (Ebd.)

20 Jahre, 4 Monate, 5 Tage. Mit dem Terrorurteil folgt der Richter dem Staatsanwalt: »Für die nächsten zwanzig Jahre müssen wir verhindern, dass dieses Gehirn funktioniert.« Nach seiner Ankunft im Gefängnis von Mailand dauert es noch fast zwei Jahre, bis Gramsci in der Zelle schreiben darf. Einige seiner kommunistischen Mitgefangenen halten Distanz, weil er mit seinem bündnispolitischen Konzept der gerade herrschenden Parteilinie in die Quere kommt. Der Kontakt zu seiner Frau, die in Moskau gegen Anfeindungen und Depressionen kämpft, droht abzureißen. »Ich entsinne mich einer kleinen skandinavischen Volkserzählung«, schreibt er ihr. »Drei Riesen leben wie die großen Berge weit voneinander entfernt [...]. Nach ein paar tausend Jahren Schweigen ruft der erste Riese den beiden anderen zu: ›Ich höre eine Kuhherde muhen!‹ Nach dreihundert Jahren meldet sich der zweite Riese: ›Ich habe auch das Muhen vernom-

men!‹ und nach weiteren dreihundert Jahren gebietet der dritte Riese: ›Wenn ihr weiterhin solchen Lärm macht, geh ich.‹« (GB I, 87)

Heft um Heft füllt der Gefangene mit seiner sorgfältigen Handschrift. Schlaflosigkeit, körperliche Zusammenbrüche, kaum Kontakt zur Außenwelt. Ein Gefangenenaustausch mit der Sowjetunion, der vom Vatikan vermittelt werden soll, schlägt fehl. Gramsci beschleicht der Verdacht, dass er auch für die meisten seiner ›Freunde‹ als Gefangener bessere Dienste leistet als in Freiheit. Dennoch gelingen ihm besonders im Jahr 1932 Durchbrüche bei seiner intellektuellen Arbeit. Für den medizinischen Gutacher sind die sich stapelnden Hefte Aufzeichnungen eines Verrückten.

Gramsci stirbt am 27. April 1937, nachdem man ihm zwei Tage zuvor die bevorstehende Freilassung angekündigt hatte. Es soll so aussehen, als habe das Regime mit seinem Tod nichts zu tun. »Im Krankenhaus Quisisana in Rom, wo er seit langem behandelt wurde, starb der ehemalige kommunistische Abgeordnete Antonio Gramsci«, heißt es in den Zeitungen. Kein Wort darüber, dass dieser Tote schon seit vielen Jahren in den Gefängnissen des italienischen Staates lebendig begraben war. Vom Ministerium kommt die Anweisung, niemand dürfe die Leiche sehen; der Bruder Carlo muss protestieren, um zugelassen zu werden. Nur er und Gramscis Schwägerin Tanja Schucht, die ein Jahrzehnt lang hingebungsvoll den Kontakt gehalten und dem Gefangenen beigestanden hat, sind bei der Einäscherung zugegen, »abgesehen von einer großen Zahl von immer gegenwärtigen Beamten«, wie sie berichtet.

Nachleben eins: Nach dem Krieg erscheinen zuerst die Briefe. Sie sind das bewegende Zeugnis eines Menschen, der standhaft seine Würde gegen den Faschismus verteidigt hat und dessen Menschenkenntnis, Erzählkunst und analytischer Verstand die

Leserinnen und Leser berühren. Der Band erhält einen Literaturpreis, und der berühmte Benedetto Croce, der noch nicht wissen kann, dass Gramsci sich in seinen Heften eingehend kritisch mit ihm auseinandergesetzt hat, schreibt eine würdigende Kritik.[1] Italien entdeckt, dass es einen neuen Schriftsteller hat.

Nachleben zwei: 33 Schulhefte, die nach Moskau geschmuggelt und dort von der Partei in Gewahrsam genommen werden. Der kommunistische Generalsekretär Palmiro Togliatti lässt sie nach dem Krieg in Italien in rascher Folge erscheinen, thematisch gegliedert, in Teilen ›bearbeitet‹ und gekürzt, weniger aus Gründen politischer Zensur, sondern weil es nicht leicht ist, den Zusammenhang dieser Notizen und die Spezifik dieses Denkens zu erkennen. Der Pionier der westdeutschen Gramsci-Ausgaben, Christian Riechers, legt 1967 einen Auswahlband unter dem Titel *Philosophie der Praxis* vor. Eine englische Auswahlübersetzung erscheint 1971.

Nachleben drei: Die Hochkonjunktur marxistischen Denkens vom Ende der 1960er Jahre ist bereits abgeflaut, als 1975 die erste vollständige italienische Edition der *Gefängnishefte*, herausgegeben von Valentino Gerratana, erscheint. Indem sie die chronologische Abfolge der Entstehung der Notizen wahrt, kann sie Gramscis Denkstil und intellektuelle Produktionsweise sichtbar machen – vorausgesetzt, man bringt die Geduld auf und lässt sich auf den langen Weg durch das Material mitnehmen. Eine Zeit lang bleibt Gramsci noch in aller Munde, »Hegemonie« ist ein Lieblingsbegriff im linken Jargon. Aber im Grunde ist er, wie Michel Foucault 1984 feststellt, ein Autor, der öfter zitiert als wirklich gelesen wird. Und die großen Intellektuellen lassen sich von ihm inspirieren, ohne ihn zu zitieren. Gramsci wird zu einer Art *musician's musician*: Inspiration für die Musik, die in der Welt spielt, aber von anderen gespielt wird. So könnte man von den *Gefängnisheften* sagen, was Kurt Tucholsky 1927 zum *Ulysses* von James

Joyce schrieb: »Liebigs Fleischextrakt. Man kann es nicht essen. Aber es werden noch viele Suppen damit zubereitet werden.«

Nachleben vier: Die britischen *Cultural Studies* erhalten ihr Profil als kritische Analyse des kapitalistischen Medien- und Massenkonsums maßgeblich durch die Auseinandersetzung mit Gramsci. Mit ihnen wird er an die großen Universitäten der Welt exportiert. Gramscis Art, die Geschichte von den Rändern her zu schreiben und die Subalternen dabei ins Zentrum zu rücken, wird zum entscheidenden Impuls für die *Subaltern Studies* in Asien und Lateinamerika. Auch die innovative Analyse neoliberaler Globalisierung unter dem Namen »Internationale Politische Ökonomie« beginnt mit einer Neulektüre Gramscis. Kein Zweifel: Seit den 1990er Jahren ist aus dem *musician's musician* ein globalisierter Klassiker geworden.

Wenige Autoren schreiben so klar wie Gramsci. Es macht Spaß, ihn zu lesen. Auf Schritt und Tritt wird der Leser mit überraschenden Einsichten belohnt. Die vorliegende Einführung arbeitet intensiv mit Gramscis Material. Es wird nicht nacherzählt, sondern zitiert. Man soll seine Stimme hören. Wer dann mehr wissen will, kann leicht zu den Originaltexten wechseln. Wer die Zeit für die zweitausend Seiten der Gesamtausgabe nicht hat, kann sich mit Auswahlbänden behelfen.[2] Die Exkurse in jedem Kapitel sind Brücken zu wissenschaftlichen Feldern, auf denen Gramscis Denken Fortsetzungen in der Gegenwart gefunden hat. Man muss sie nicht unbedingt betreten. Der Mitgefangene, der Gramsci damals erkannte, war enttäuscht von dessen kleiner Statur. Den Riesen, den er erwartet hat, haben wir heute vor Augen. Mit den Füßen steht er im 20. Jahrhundert, wo er – aus der europäischen Peripherie stammend – im Zentrum die Revolution mitmachte und im Gefängnis die Grundlagen für ein neues Denken des Politischen und des Kulturellen legte. Sein Gesicht hat er dem 21. Jahrhundert zugewendet.

Juha Koivisto, Jan Rehmann und Oliver Walkenhorst haben das Manuskript sorgfältig gelesen und mit vielfältigen Anregungen zu seiner Verbesserung beigetragen. Ihnen sei herzlich gedankt. Wir widmen diesen Band unseren Töchtern Meret und Tonia.

1. »Philosophie der Praxis« – in Gramscis Werkstatt

Antonio Gramsci ist ein Klassiker, der kein geschlossenes Werk, sondern eine offene Werkstatt hinterlassen hat. Bücher hat er zu Lebzeiten keine veröffentlicht. Die umfangreichen journalistischen Arbeiten der frühen Jahre – politische Aufklärung und Polemik, Theaterkritiken, Kolumnen – waren »für den Tag« geschrieben (GB III, 127). Dazu kommen Reden, politische Analysen und Briefe; schließlich die im Gefängnis geführten Hefte, die zwar ebenfalls in die Politik eingreifen, aber nicht mehr tagesaktuell und direkt – das wäre unter den Bedingungen der Zensur im faschistischen Gefängnis und der Stalinisierung der KPdSU, die Gramsci innerhalb der eigenen Partei in die Isolation bringt, schwer möglich gewesen. Sie loten die Bedingungen und Möglichkeiten emanzipatorischer Politik in grundlegender Weise neu aus. »Ich bin besessen (das ist ein für Häftlinge typisches Phänomen, glaube ich) von dem Gedanken: man müsste etwas tun *für ewig*.« (GB II, 92) Aber auch dieses theoretische Vermächtnis bleibt vorerst unter Verschluss. Nach Gramscis Tod am 27. April 1937 wird es für kurze Zeit in Rom in einem Tresor verwahrt, dann nach Russland gebracht und erst nach dem Krieg in Italien publiziert – zunächst in ausgewählten Themenbänden, bis Valentino Gerratanas kritische Ausgabe der *Quaderni del carcere* von 1975 den Blick aufs Ganze öffnet.[3]

Gramsci hat 33 handbeschriebene Schulhefte hinterlassen (darunter vier, die ausschließlich Übersetzungen enthalten), ein immer wieder neu ansetzendes gedankliches Experimentieren, begriffliches Zuspitzen, Kritisieren. Die Vorläufigkeit des so entstehenden Geflechts von Materialien und Reflexionen wird vom Autor nicht überspielt. Alle diese »Notizen«, schreibt er am Anfang von Heft 11, seien »genauestens durchzusehen und zu überprüfen, weil sie bestimmt Ungenauigkeiten, falsche Annäherungen, Anachronismen enthalten«; ja, es sei möglich, dass sich gerade »das Gegenteil des Geschriebenen als wahr herausstellen könnte« (Gef, 6/1367). Was der medizinische Gefängnisgutachter als pathologisches Dokument einstufte, ist in Wahrheit ein vielschichtiges *work in progress*, dem allein der durch das Gefängnisregime provozierte vorzeitige Tod ein Ende setzte; ein unabgeschlossenes und unabschließbares Werk, das verlangt, fortgesetzt zu werden. Das legt sowohl der Gegenstand nahe, nämlich »die Geschichte selbst in ihrer unendlichen Varietät und Vielfalt« (6/1423), als auch die Herangehensweise des Verfassers, dessen »Gewohnheit der strengen philologischen Disziplin, die ich während meines Universitätsstudiums erlernt habe, mir vielleicht ein Übermaß an methodischen Zweifeln mitgegeben hat« (GB III, 107).

1.1 Materialien und Werkzeuge

Betreten wir diese Werkstatt zum ersten Mal, so fällt es schwer, uns darin zurechtzufinden. Anstelle einer von blendender Aktualität erhellten Gegenwart sehen wir uns im Halbdunkel der Zwischenkriegszeit des 20. Jahrhunderts einer überwältigenden Fülle geschichtlicher Materialien gegenüber, auf die Gramsci eine Reihe eigenartiger begrifflicher Werkzeuge anwendet. Sehen wir uns zunächst die Materialblöcke an, die viel Platz in dieser Werkstatt beanspruchen. Betrachtet man sie etwas genauer, so lassen sich die größten von ihnen, die Gramsci immer wieder bearbeitet hat, unterscheiden und benennen: erstens das Projekt einer »Geschichte der italienischen Intellektuellen« (Gef, 5/941) – ihrer Entwicklung, ihres Selbstverständnisses und ihrer Denkweisen einschließlich ihrer Illusionen und Beschränktheiten. Das Feld ist weit gesteckt, vom Ende des römischen Imperiums über Renaissance und Reformation und das Risorgimento – so nennt man den Prozess der nationalen Einigung Italiens im 19. Jahrhundert – bis zum italienischen Faschismus. Neben klingenden Namen wie Dante oder Machiavelli sowie bekannten Zeitgenossen – der Philosoph und Literat Benedetto Croce taucht immer wieder auf ebenso wie der Dramatiker Luigi Pirandello, dessen Stücke Gramsci schon in seinen Turiner Jahren ausführlich besprochen hatte – haben auch allerlei längst vergessene Figuren ihren Auftritt; zweitens die Oktoberrevolution in Russland, die Gramsci in seinen journalistischen Arbeiten sozusagen ›live‹ kommentiert und unterstützt hatte – in den *Gefängnisheften* wird sie zusammen mit dem Scheitern der revolutionären Linken im Westen und allen Gründen dafür neu in den Blick gebracht; schließlich, als dritter großer Materialblock, Amerikanismus und Fordismus. Hier richtet Gramsci den Blick auf die industrielle Entwicklung in den USA und damit auf eine sich erst am Horizont abzeichnende Neuformierung kapitalistischer Vergesellschaftung, was es ihm zugleich erlaubt, die Instrumente der Gegenwartsanalyse des Faschismus in Europa zu schärfen.

Schauen wir uns als nächstes die Werkzeuge an, mit denen Gramsci diese Materialblöcke bearbeitet. Auf Anhieb fällt vielleicht ein knappes Dutzend ins Auge. Da gibt es einen »geschichtlichen Block« und den aus zwei ineinandergreifenden Teilen gefertigten »Bewegungs- und Stellungskrieg«, »Kohärenz« und

»Katharsis« gehören dazu, ein paradox zusammengesetztes Instrument namens »passive Revolution« und selbstverständlich »Hegemonie« als der heute wohl bekannteste unter Gramscis Begriffen. Was schon bei flüchtigem Hinsehen auffällt: Diese Begriffe sind keine Neuprägungen, sondern allesamt aus vorgefundenem Material entwickelt bzw. umfunktioniert, sei es aus der antiken Dramentheorie (wie Katharsis) oder aus der Militärsprache (wie Bewegungs- und Stellungskrieg – wobei Gramsci hier gleich die Warnung dazusetzt, dass »Vergleiche zwischen militärischer Kunst und der Politik [...] nur als Denkanstöße und ad absurdum vereinfachende Begriffe« aufzufassen seien; 1/176).

Man könnte zunächst versucht sein, eine solche Umnutzung einer Handvoll zusammengewürfelter Begriffe als Verlegenheit des isolierten Gefangenen zu verstehen, dem der Zugang zu einer systematischen wissenschaftlichen Forschung versperrt ist und der wie Robinson mit Findigkeit und Witz aus dem verfügbaren Strandgut seine eigenen Werkzeuge herstellen muss. Allerdings trifft das die Sache nur ganz äußerlich und wird vollends verkehrt, wo aus Gramsci eine tragische Figur gemacht wird, die im Gefängnis »Heft um Heft mit geistlosen Notizen zu zehntrangigen Aufsätzen [...] und anderem akribisch zusammengeklaubtem Treibgut vollschrieb« (Dath 2004). Zwar ist Gramscis Lage im Gefängnis tatsächlich prekär. Er muss aus dem Gedächtnis zitieren, weil ihm die Quellen nicht erreichbar sind, und beim Durchackern »fromme Schriften und drittrangige Romane« aus der Gefängnisbibliothek fruchtbar machen, denn ein politischer Gefangener sollte »selbst aus einer Rübe Blut gewinnen« (GB II, 234). Aus diesem Dialog über die Zeiten mit Marx, Machiavelli u.a. und dem mit zähem Willen verfolgten alltäglichen Durcharbeiten eines Wusts von mittelmäßigen Ideologen, Publizisten und Literaten in Zeitungen und Zeitschriften gehen schon die Umrisse eines eigenen Projekts hervor. Gramsci gibt ihm den von

Antonio Labriola[4] stammenden Namen einer »Philosophie der Praxis«, die stets die kritische Auseinandersetzung mit dem herrschenden Denken sucht und dabei den Alltagsverstand, in den sie sich verändernd einmischen will, genau studiert und seziert. Er wühlt sich ins konkrete Material hinein und beginnt dort seine subversive Tätigkeit, er hinterfragt und verändert Begriffe, überprüft sie an neuem Material. Der Historiker Eric Hobsbawm spricht anerkennend von Gramscis »Weigerung, das Terrain konkreter historischer, sozialer und kultureller Realitäten zugunsten von Abstraktion und reduktionistischen theoretischen Modellen zu verlassen« (2012, 309).

Der Ausdruck ›Philosophie der Praxis‹, der in den *Gefängnisheften* zunächst nur »sporadisch« auftaucht, begegnet »im Sinne eines sich entfaltenden Selbstverständnisses« (Haug, Einleitung, 6/1195) zum ersten Mal in Heft 7 (1930-31), nicht zufällig also in dem Heft, dessen ersten Teil Gramsci für Übersetzungen u.a. der marxschen *Feuerbachthesen* verwendet hat. Der Ausdruck ist mithin kein bloßer Tarnname für den vom Faschismus auf den Index gesetzten »Marxismus«, wie oft vermutet wurde, sondern markiert eine bestimmte Marx-Interpretation. Diese richtet sich gegen den im zeitgenössischen Marxismus vorherrschenden Objektivismus, der den Fortschritt zum Besseren und damit den Zusammenbruch der bürgerlichen Ordnung und den Übergang zum Sozialismus als eine unumstößlich feststehende Tatsache konzipierte. Der mechanische Objektivismus versetzte die Subjekte in eine trügerische Passivität. Warum sollte man lernen und sich anstrengen, wenn unabhängig von allem Tun ›objektive‹ Gesetzmäßigkeiten den Lauf der Dinge bestimmen?

Anders die ›Philosophie der Praxis‹, die zum »Namen für das gramscianische Projekt« selbst wurde (Haug; Gef, 6/1196) und die Frage, wie »aus den Strukturen die historische Bewegung« entsteht (Gramsci, 4/876), wieder ernst nimmt. Entscheidend ist hier der Bezug auf Marx' *Feuerbachthesen*, nach denen das »Ändern der Umstände« und die »Selbstveränderung« nicht voneinander zu trennen sind (MEW 3, 6). Das ›Wesen‹ kann sich nur von den gesellschaftlichen Verhältnissen her, unter denen die Menschen ihr Leben produzieren, erschließen. Daher der ebenso berühmte wie oft falsch verstandene Satz, dass das Wesen des Menschen in seiner Wirklichkeit »kein dem einzelnen Individuum inwohnendes Abstraktum« ist, sondern »das ensemble der gesellschaftlichen Verhältnisse« (ebd.).

Auf den ersten Blick könnte man glauben, hier werde dem Menschen seine Freiheit, ja seine Individualität bestritten und man mache ihn zum passiven Produkt der Gesellschaft, zu einem willenlosen Automaten, der die von außen an ihn herangetragenen Zwecke exekutiert. Doch in Wirklichkeit ist der Gedanke ein befreiender: Keinem ist in die Wiege gelegt, was für ein Mensch er ›ist‹. Weil das Wesen nicht angeboren, sondern hinausverlagert ist in die Gesellschaft, muss es in einem langwierigen und unabschließbaren Prozess der Selbsttätigkeit angeeignet werden. Der individuelle, unverwechselbare Mensch ist das Resultat dieses Prozesses, kein schon vorweg Bestimmtes. Wie weit die Einzelnen hier vorankommen, welche der vom geschichtlichen Moment gebotenen Möglichkeiten sie realisieren können – das hängt weniger von der Großhirnrinde oder der genetischen Ausstattung ab und mehr von dem, was Marx eben als »das ensemble der gesellschaftlichen Verhältnisse« bezeichnet. Für Gramsci ist diese Auffassung des menschlichen Wesens die »befriedigendste [...], weil sie die Idee des Werdens einschließt: der Mensch wird, er verändert sich fortwährend mit dem Sich-Verändern der gesellschaftlichen Verhältnisse« (4/891). In diesem Zusammenhang gebraucht er den Ausdruck »Philosophie der Praxis« und fährt fort: »Alles ist Politik, auch die Philosophie oder die Philosophien [...], und die einzige ›Philosophie‹ ist die Geschichte in Aktion, das heißt das Leben selbst.« (892) Werden da alle Katzen grau? Schlägt die »Idee des Werdens«, kaum ausgesprochen, um in die Identität von Politik, Philosophie, Geschichte? Nein, keineswegs. Es sind tastende Übersetzungsversuche zwischen Bereichen, die in der Regel in wechselseitiger Abschottung voneinander existieren und die in Wirklichkeit doch zusammenhängen. Sehen wir zu, wie Gramsci weiter damit umgeht.

1.2 Von Mäusen und Seeschlangen

In der Isolation des Gefängnisses entwickelt Gramsci einen »ungeheuren Hunger nach Realität« (Kammerer 1993, 11). »Ich muss es machen wie die Naturforscher, die aus einem in einer prähistorischen Höhle gefundenen Zahn oder Schwanzknöchelchen ein ausgestorbenes Tier, das womöglich groß war wie ein Wal, zu rekonstruieren versuchen.« Das schreibt er am 30. Dezember 1929 an seine Mutter, um ihr seine Bitte um die Schilderung konkreter Einzelheiten nahezubringen, aus denen er sich ein realistisches Bild ihres Lebens machen kann. Die Gefahren dieser Methode sind ihm bewusst, hat man doch gelegentlich schon »aus einem Mäuseknöchelchen [...] eine Seeschlange rekonstruiert« (1/83; vgl. auch 7/1654). Um ihnen zu entgehen, greift Gramsci auf die strenge Disziplin zurück, die er sich in seinem Studium der Sprachwissenschaften angeeignet hat: Da die Philosophie der Praxis sich in der »unendlichen Varietät und Vielfalt« der Geschichte bewegt, kann deren Erfahrung nicht »schematisiert«, auf kein »mechanisches Formelwerk« reduziert werden (6/1423). Sie hat, nach dem Vorbild der Philologie, »die Einzeltatsachen in ihrer unverwechselbaren ›Individualität‹« festzustellen, um nicht der Seeschlange der vorschnellen Verallgemeinerung zur Beute zu fallen. Doch kann sie dabei nicht stehen bleiben, denn sie will ja zugleich die Zusammenhänge zwischen diesen Tatsachen ans Licht bringen, um ein ›Bild‹ von der Lage zu geben, das die Handlungsfähigkeit fördert. Wenn in den Naturwissenschaften »Fehlurteile [...] leicht durch neue Forschung berichtigt werden und jedenfalls nur den einzelnen Wissenschaftler lächerlich machen können«, so liegt der Fall in Geschichte und Politik anders, wo es darum geht, »Handlungsperspektiven und -programme zu konstruieren« und »die großen Massen aus ihrer Passivität hervortreten zu lassen«; »Denkfaulheit« und »Oberflächlichkeit« zeitigen hier »›knallharte‹ Schäden«, die »niemals wiedergutgemacht werden können« (1423 f.).

Der Sprachwissenschaftler Gramsci hat seine Erfahrungen als Intellektueller nicht auf dem akademischen Feld gesammelt, sondern als »organischer Intellektueller« der Arbeiterbewegung – als politischer Journalist, beim Aufbau der Fabrikrätebewegung in Turin und als Parteiführer (zunächst regional) und italienischer Vertreter in der Kommunistischen Internationale. Die Relevanz von Theoriearbeit, wie er sie versteht, entscheidet sich an der Frage, ob sie zur Erweiterung der Handlungsfähigkeit der Subalternen beiträgt. Diese brauchen ›ihre‹ Intellektuellen und werden handlungsfähig doch nur, wenn sie selber denken und handeln. Politik kann deshalb nicht mehr das Werk »individueller [...] Anführer« sein, sondern nur »kollektiver Organismen«, d.h. der Parteien (6/1424). Für den Kommunisten Gramsci ist die Partei noch selbstverständlich. ›Kollektiv‹ ist bei ihm ernst gemeint als etwas, das als »aktive und bewusste Mitbeteiligung« und »Mit-Leidenschaftlichkeit« aus der Tätigkeit vieler resultiert und sich aus der »Erfahrung der unmittelbaren Einzelheiten« speist (ebd.). Für diese gelingende Kooperation jenseits von Stellvertreterpolitik und Zwangshierarchie prägt Gramsci den ungewöhnlichen Namen einer »lebendigen Philologie« (ebd.). Darunter versteht er, dass Menschen und Ereignisse in ihrer Individualität wahrgenommen werden und sich in lebendiger Weise zu kollektiver Handlungsfähigkeit verknüpfen. Der Zwangsapparat stalinistischen Zuschnitts war damit nicht vereinbar. Selbst wer heute Parteien für überholt hält und sie als Form der Entwicklung politischer Handlungsfähigkeit überhaupt ablehnt, kommt für ein Projekt der Befreiung aus Abhängigkeit und Sprachlosigkeit um die zwei Dimensionen gramscianischer Philologie nicht herum: ›Philologie der Geschichte‹, weil eine Politik, die in der Gegenwart die Keime der Zukunft aufnehmen will, nur realistisch ist, wenn ihre Akteure alle Einzelheiten und Wahrheiten kennen, »auch die unerfreulichen« (6/1325); ›lebendige Philologie‹, weil aus der Subalternität nur heraustreten kann, wer aus der Vereinzelung, Ausgrenzung oder Blockierung zur Handlungsfähigkeit eines lebendig-lernbereiten Ensembles gelangt.

Ausgerechnet dieser revolutionäre Philologe, der sich alle intellektuelle Schaumschlägerei strikt verbietet, ist nach dem Urteil Eric Hobsbawms »der originellste Denker, den der Westen seit 1917 hervorgebracht hat« (2012, 286). Wie ist das möglich, wo er sich doch stets geweigert hat, originell im landläufigen Sinn zu sein? Bewusst hat er es abgelehnt, seiner individuellen Brillanz die Zügel schießen zu lassen: »Dass eine Masse von Menschen dahin gebracht wird, die reale Gegenwart kohärent und auf einheitliche Weise zu denken«, ist für ihn »eine ›philosophische‹ Tatsache, die viel wichtiger und ›origineller‹ ist, als wenn ein philosophisches ›Genie‹ eine neue Wahrheit entdeckt, die Erbhof kleiner Intellektuellengruppen bleibt« (6/1377).

Originell ist Gramsci also nicht trotz, sondern gerade wegen seiner philologisch disziplinierten Arbeit mit dem Material; seine Begriffe sind erstens dialektisch angelegt und laufen in einem unabschließbaren Prozess wechselseitiger Korrektur zwischen Theorie und Praxis hin und her; zweitens genügen sie wissenschaftlichen Ansprüchen, d.h., sie werden transparent entwickelt und setzen sich nachvollziehbarer Überprüfung am Material aus, auch wenn in den *Gefängisheften* vieles experimentell bleibt und die Begriffe nicht immer einheitlich gebraucht werden; drittens orientieren sie auf eine Anordnung, die im Material herrschaftskritisches Potenzial freisetzt, d.h., die Begriffe, die wir in Gramscis Werkstatt vorfinden, sind stets so angelegt, dass sie – wie Brecht das genannt hat – zugleich die »Griffe« sind, »mit denen man die Dinge bewegen kann« (*Flüchtlingsgespräche*, GA 18, 263).

1.3 Hegemonie als Königsweg?

Sigmund Freud hat als »Via regia zur Kenntnis des Unbewussten« und einfachsten Zugang zu den »Neuheiten, welche die Psychoanalyse Ihrem Denken zumutet«, die Traumdeutung empfohlen (1909/1969, 39). Sollte bei Gramsci ›Hegemonie‹ auch ein solcher Königsweg sein, der die Spezifik seines Denkens am direktesten zu erschließen vermag? Könnte eine Definition dieses ›Schlüsselbegriffs‹ uns vielleicht sogar lange Umwege durchs historische Material ersparen? Probieren wir es aus.

Im politischen Jargon bedeutet Hegemonie »Vorherrschaft (eines Staates), Vormachtstellung (die nicht rechtlich begründet zu sein braucht«; Duden, Großes Wörterbuch). In den Debatten der russischen Arbeiterbewegung vor der Oktoberrevolution war der Begriff »einer der meistbenutzten und vertrautesten«; er diente dazu, »die Rolle der Arbeiterklasse in einer bürgerlichen Revolution theoretisch zu untermauern« (Anderson 1979, 24). Gramsci gebraucht den Begriff schon vor seiner Inhaftierung, z.B. in seiner Rede vom Mai 1925 vor dem Zentralkomitee der KPI, der Kommunistischen Partei Italiens. Darin empfiehlt er, »die Hauptprobleme des Lebens in Italien« so zu stellen, dass als Lösung »das revolutionäre Bündnis zwischen Proletariat und Bauern« ins Bild komme und die »Hegemonie des Proletariats verwirklicht« werden könne (Z, 136). Er folgt hier noch Lenins Verwendung von Hegemonie in der Bedeutung von Vorrangstellung innerhalb eines Klassenbündnisses.

In dem Aufsatz *Einige Gesichtspunkte der Frage des Südens*, über dem Gramsci zur Zeit seiner Verhaftung im November 1926 sitzt, heißt es: »Das Proletariat kann in dem Maße zur führenden und herrschenden Klasse werden, wie es ihm gelingt, ein System von Klassenbündnissen zu schaffen, das ihm gestattet, die Mehrheit der werktätigen Bevölkerung gegen den Kapitalismus und den bürgerlichen Staat zu mobilisieren.« (Z, 191) Auffällig ist hier die Differenzierung von »führen« und »herrschen«. Gramsci wird im Gefängnis darauf zurückkommen. Aber zunächst wird sie nicht ausgearbeitet. So etwas wie die terminologische Fassung des Hegemoniebegriffs sucht man in Gramscis Arbeitsplänen und Themen für die *Gefängnishefte* vergeblich. Vielmehr ist er in eine modifizierte Verwendung des Begriffs bei Gelegenheit einer Diskussion verschiedener Typen von Zeitschriften gewissermaßen »hineingerutscht« (Haug 2004, 13). In der nachfolgenden Eintragung mit dem Titel »Politische Führung durch eine Klasse vor und nach Regierungsantritt« macht Gramsci dann »aus dem ›Ausrutscher‹ den Hauptweg« (ebd.).

Schauen wir uns die Stelle genauer an. Sie zieht das Fazit aus einer Betrachtung des Handgemenges der politischen Kräfte im Italien des 19. Jahrhunderts. Gramsci tastet sich an die Thematik heran, indem er noch etwas missverständlich das »historisch-politische Kriterium« seiner Untersuchung dahingehend bestimmt, »dass eine Klasse auf zweierlei Weise herrschend ist, nämlich ›führend‹ und ›herrschend‹« (1/101). Zuerst bezieht er das wiederum aufs Klassenbündnis: »Sie ist führend gegenüber den verbündeten Klassen und herrschend gegenüber den gegnerischen Klassen. Deswegen kann eine Klasse bereits bevor sie an die Macht kommt ›führend‹ sein (und muss es sein): wenn sie an der Macht ist, wird sie herrschend, bleibt aber auch weiterhin ›führend‹.« Diesen Satz formuliert Gramsci wenig später um, indem er – noch in Anführungszeichen – den Hegemoniebegriff zu Hilfe nimmt: »Es kann und es muss eine ›politische Hegemonie‹ auch vor dem Regierungsantritt geben, und man darf nicht nur auf die durch ihn verliehene Macht und die materielle Stärke zählen, um die politische Führung oder Hegemonie auszuüben.« (102) Diese »politische Hegemonie« führt Gramsci in der Folge am Beispiel der Französischen Revolution weiter aus, wo die Jakobiner nicht nur »aus dem Bürgertum die ›herrschende‹ Klasse machten, sondern (in einem gewissen Sinne) noch mehr leisteten, aus dem Bürgertum die führende, hegemoniale Klasse machten, das heißt, dem Staat eine dauernde Basis verliehen« (112).

Etwas später betrachtet Gramsci die »›normale‹ Ausübung der Hegemonie auf dem klassisch gewordenen Feld des parlamentarischen Regimes« und kommt zu dem Schluss, sie zeichne sich »durch eine Kombination von Zwang und Konsens aus, die sich die Waage halten, ohne dass der Zwang den Konsens zu sehr überwiegt« (120). Hegemonie nimmt hier etwa die Bedeutung von »Regierung mit dem Konsens der Regierten« an (117), doch ist die terminologische Beweglichkeit dabei so groß, dass Gramsci die entsprechenden Begriffe auch in einem Brief an seine Schwägerin Tanja verwenden kann, um über die depressive Krise seiner Frau Giulia nachzudenken: »Meines Erachtens besteht unter solchen Bedingungen das einzige Hilfsmittel in einer ausgewogenen Anwendung von Überzeugung und Zwang, aber eben das ist der springende Punkt: Wer kann den notwendigen Zwang ausüben?« (GB II, 326)

Bei der Analyse der durch Fließband und ›wissenschaftliche Betriebsführung‹ rationalisierten Fertigungsmethoden in den USA – wir befinden uns immer noch im ersten *Gefängnisheft* unweit der Stelle, wo Gramsci den Hegemoniebegriff neu lanciert – heißt es: »Es ist noch die Phase der psycho-physischen Anpassung an die neue industrielle Struktur«, mit anderen Worten: Es ist zu diesem Zeitpunkt noch nicht ausgemacht, ob die neue Produktionsweise überhaupt verallgemeinerungsfähig ist oder ob sie die Arbeitskraft zerstört, indem sie den Arbeitern die Regeneration und die Reproduktion verunmöglicht. Gramsci drückt das mit der Formulierung aus, es sei »die Grundfrage der Hegemonie noch nicht gestellt worden« (1/133). Je nach Kontext verschiebt sich also der Fokus des Hegemoniebegriffs – an dieser Stelle wird nach einem verallgemeinerungsfähigen Zusammenhang von Arbeits- und Lebensweise gefragt –, und wir können festhalten, dass es dabei stets um eine Doppelperspektive geht: Zwang und Konsens werden in verschiedenen Mischungsverhältnissen analysiert; gelegentlich markiert Hegemonie auch direkt einen Gegenpol zu Zwang. Dieser Spielraum im Hegemoniebegriff erlaubt es Gramsci, ganz verschiedenen Aspekten nachzuspüren, z.B. wenn er auf die »Anziehungskraft« zu sprechen kommt, die von den »Intellektuellen der progressiven Klassen« ausgehe (102). Später heißt es dazu, »die Intellektuellen haben die Funktion, die gesellschaftliche Hegemonie einer Gruppe und ihre staatliche Herrschaft zu organisieren, das heißt, den durch das Prestige der Funktion in der Produktionssphäre gegebenen Konsens« (3/515).

›Prestige‹ und ›Anziehungskraft‹, die hier den Hegemoniebegriff erweitern, hat Gramsci wiederum zuerst in seinem sprachwissenschaftlichen Studium kennengelernt. Dort »stehen die Begriffe Hegemonie, Prestige, Anziehungs- bzw. Ausstrahlungskraft (von Sprachen) als Synonyme zur Bezeichnung der Ursache für

Sprachveränderung«, die in damals neuer Weise nicht mehr bloß sprachimmanent, sondern als gesellschaftlicher Zusammenhang gefasst wurde: »Immer wird die hegemonische Stellung einer Sprache oder eines Dialekts dafür verantwortlich gemacht, dass Sprecher anderer Sprachen oder Dialekte Wörter oder grammatische Formen übernehmen.« (Bochmann 1999, 163) Für den Gramsci vor den *Gefängnisheften* ist noch Lenin »der Mann, der Prestige ausstrahlt, der die Völker entflammt und diszipliniert« (Z, 34). Mit dem neu entwickelten Hegemoniebegriff grenzt er sich nun ab sowohl gegen »einen ›Ideologismus‹, der sich auf die großen Einzelpersönlichkeiten fixiert«, wie »gegen den ›Ökonomismus‹, der die mechanischen Ursachen überschätzt« (Rehmann 2008, 85).

Ein weiterer Gesichtspunkt, ohne den sich Hegemonie nicht angemessen fassen lässt, ist der folgende: Gramsci will das geschichtliche Feld auf eine Weise erschließen, welche die Subalternen, deren bisherige geschichtliche Erfahrung »notwendigerweise bruchstückhaft und episodisch« ist (2/344), ins Blickfeld rückt. Die Hegemoniefrage ist also begriffsstrategisch immer auch als Frage nach dem Sich-Befreien aus der Verstrickung in die herrschende Ordnung angelegt. Fortwährend arbeitet Gramsci deshalb an einem »Gespür für ›Unterscheidung‹, ›Loslösung‹« (6/1384). Indem es darum geht, sich aus der alten Hegemonie herauszulösen, tritt die Notwendigkeit der Entwicklung einer Gegenhegemonie ins Bewusstsein: »Zum kritischen Selbstverständnis kommt es [...] über einen Kampf politischer ›Hegemonien‹, kontrastierender Richtungen« (ebd.). Praktisch ist es ein und derselbe Prozess – wenn es gelingt, die alte Hegemonie zu untergraben, ist die Gegenhegemonie schon wirksam.

Ziehen wir eine Zwischenbilanz. Gramsci fasst den Begriff weiter als Lenin, der ihn im Sinne der führenden Funktion innerhalb eines Klassenbündnisses verwendet, und stößt auf eine neue Grammatik gesellschaftlicher Analyse. Es zeigt sich rasch, wie produktiv es ist, auf diese Weise die gemeinhin getrennt gehaltenen Gebiete der Politik, Kultur und Ökonomie in ihrem Zusammenhang neu zu denken. Wie es »geschichtliche Tat« ist, die »mannigfachen Gebrauchsweisen der Dinge zu entdecken«, wie Marx am Anfang des *Kapitals* sagt (MEW 23, 49 f.), so gilt auch für den Hegemoniebegriff, dass seine »mannigfachen Gebrauchsweisen« erst entdeckt werden müssen. Die Frage ist also nicht, was Hegemonie eigentlich ›ist‹, sondern: Was kommt in den Blick, wenn man mit Gramsci die Hegemoniefrage stellt? Die Antwort lässt sich nicht in eine einzige Definition einschließen. Vielmehr wird auf verschiedenen Ebenen und in unterschiedlichen Kontexten ein Prozess erkennbar, den wir vorläufig als Doppelperspektive von Zwang und Konsens, Abhängigkeit und Autonomie, passiver Subalternität und individueller wie kollektiver Handlungsfähigkeit fassen.

1.4 Exkurs: »Hegemony lite«

Gramscis Hegemonietheorie hat Schule gemacht. Seit den 1970er Jahren haben sich zahlreiche politische und wissenschaftliche Projekte in aller Welt darauf berufen: Anthropologen nicht weniger als Literaturwissenschaftlerinnen, Politologen und Historikerinnen ebenso wie Ökonomen. Zu Beginn der 1980er Jahre schien es sogar, als ginge der Begriff in die Alltagssprache ein, jedenfalls tauchte er »in marxistischen wie nicht-marxistischen Diskussionen über Politik und Geschichte ebenso zwanglos (und in mitunter lockerer Verwendung) auf, wie das bei Freud'schen Termini in der Zwischenkriegszeit der Fall war« (Hobsbawm 2012, 286). Dieser relative Erfolg hat die Nachfrage nach kurzen und knappen Definitionen verstärkt, und von der »lockeren Verwendung« ist es nicht weit zur Phrase. Der hektische Lehr- und Wissenschaftsbetrieb verlangt nach Klassikern in leicht assimilierbarer Form. Zwei oder drei Definitionen, ein paar Zitate, ein kurzer Text – das muss genügen. Es ist wie mit den Muscheln am Strand, die man in die Tasche stecken und nach Hause tragen kann. Aber nur, weil alles Leben aus ihnen gewichen ist.

Kate Crehan hat die Tendenz zur vereinfachenden Zurichtung als »reducing him to ›Gramsci lite‹« (2002, 176) beschrieben. Erstaunt, dass der Gramsci, den sie in ihrer Lektüre der *Gefängnishefte* kennengelernt hatte, kaum etwas zu tun zu haben schien mit jenem Klassiker, den sie z.B. in anthropologischen Fachbüchern zuhauf zitiert fand, beschloss sie, der Sache nachzugehen. Ihr Fazit: Der Hegemoniebegriff der Anthropologen – und zweifellos ließe sich dasselbe für andere Fachbereiche zeigen – ist in den meisten Fällen aus der Sekundärliteratur geschöpft, und zwar fast ausnahmslos aus denselben zwei oder drei Quellen.

Raymond Williams' Studie *Marxism and Literature* von 1977 hat den Hegemoniebegriff im englischen Sprachraum in handlicher Form auf die wissenschaftliche Landkarte gesetzt. Wie jede Aneignung wurde auch diese aus einem bestimmten Blickwinkel unternommen: Williams erkannte in Gramscis Werk »one of the major turning-points in Marxist cultural theory« (1977, 108), weil dieses es ihm ermöglichte, einen in simplifizierenden Basis-Überbau-Schemen festgefahrenen Marxismus ebenso zu überwinden wie die bürgerliche Fixierung auf Elitekultur. Bei Williams finden sich nun in der Tat einige eingängige Umschreibungen und Definitionen: Hegemonie als »a whole body of practices and expectations« und »a lived system of meanings and values«, schließlich »in the strongest sense a ›culture‹, but a culture which has also to be seen as the lived dominance and subordination of particular classes« (110). Allerdings kommt er dabei ohne ein einziges Gramsci-Zitat aus und fokussiert stark auf Literatur und

Kultur. Was für einen Literaturwissenschaftler gewiss nachvollziehbar ist, führt in der (von Williams nicht vorauszuahnenden) Rolle als Hauptlieferant von Definitionen – trotz seines Insistierens auf den »materialist relations« – zu einem »overly idealist Gramsci«, dessen Hegemoniebegriff meist beschränkt bleibt »solely to the domain of ideas, beliefs, meanings and values« (Crehan 2002, 173 u. 176).

1985 haben Ernesto Laclau und Chantal Mouffe mit *Hegemonie und radikale Demokratie* neuerlich einen »gramscianischen Wendepunkt« (1991, 109) beschworen, diesmal in der Absicht, die Hegemonietheorie anschlussfähig zu machen – theoretisch an den Poststrukturalismus und die Dekonstruktion; praktisch an die neuen sozialen Bewegungen. Ihre Absicht leuchtet ein. Tatsächlich besteht ein Teil der Vitalität eines Klassikers gerade darin, dass die entwickelten Konzepte immer wieder neu auf aktuelle Situationen angewendet und in neue Metasprachen übersetzt werden. Wie gehen nun Laclau/Mouffe dabei vor? Hinter dem Konzept der Hegemonie, das die ›Einheit‹ einer sozialen Bewegung nicht voraussetzt, sondern als nicht vorwegzunehmendes Resultat einer komplexen Tätigkeit fasst, erkennen sie eine ›Logik des Sozialen‹, die nicht vereinbar sei mit »den Basiskategorien der marxistischen Theorie« (35) und daher eine »Dekonstruktion des Marxismus« (so der Untertitel der deutschen Übersetzung von 1991) nötig mache. Zwar räumen sie ein, bei Gramsci könne die ökonomische Basis nicht automatisch »den endgültigen Sieg der Arbeiterklasse sicherstellen, da dies von deren Fähigkeit zur hegemonialen Führung abhängt« (113). Dennoch hätten wir es hier mit der »ontologisch privilegierten Stellung einer ›universalen Klasse‹« zu tun (36). Hier liege »der verborgene essentialistische Kern, der im Denken Gramscis immer noch lebendig ist und der dekonstruktiven Logik der Hegemonie Schranken setzt« (114). Dieser »Kern« (den sie auflösen wollen) bewirke, dass »auf ein

Scheitern der Hegemonie der Arbeiterklasse nur eine Rekonstitution der Hegemonie der Bourgeoisie folgen [kann], so dass der politische Kampf am Ende stets ein Nullsummenspiel zwischen Klassen ist« (113 f.).

Damit unterstellen sie Gramsci ein eindimensionales Verständnis von Hegemonie. Zwar war es tatsächlich stets so, dass das Scheitern einer politischen Initiative eine Restauration zur Folge hatte. Aber Gramsci entwickelt im Zuge der Entfaltung des Hegemoniebegriffs auch den einer »passiven Revolution«, der den Vorgang differenzierter zu denken erlaubt. Wenn die Restauration eine Rückkehr zum Alten ist, so jedenfalls nie eine einfache Rückkehr, sondern sie ist immer auch etwas Neues, das in die Theorie erst neu ›übersetzt‹ werden muss. Dazu kommt, dass die Rede vom »Nullsummenspiel zwischen Klassen« (wie die Autoren selber sehen) auch voraussetzt, »von Interregna organischer Krisen« abzusehen (196). Tatsächlich spricht aber nichts dagegen, dass solche Krisen in Verbindung mit Modernisierung als ›passiver Revolution‹ lang andauern und nicht in neue und stabile hegemoniale Verhältnisse zu münden brauchen.[5] Auch die Aussage, wonach bei Gramsci »hegemoniale Subjekte notwendigerweise auf der Ebene der fundamentalen Klassen konstituiert werden« (196), ist eine fragwürdige Vereinfachung: Falsch ist sie, wenn damit gemeint wäre, dass es hier um die Durchsetzung von quasi objektiv gegebenen ›Klassenstandpunkten‹ ginge. Mit solchem Objektivismus bricht Gramsci entschieden. Zu berücksichtigen wäre ferner, dass er oft von Teilaspekten spricht – politische, ökonomische, kulturelle Hegemonie –, die er in vielerlei Kontexten beweglich anwendet. Stuart Hall konnte deshalb von der »enorm produktiven Metapher der Hegemonie« sprechen (2000, 40), mit der die sonst getrennt gehaltenen Felder der Politik, der Kultur, der Ökonomie ineinander übersetzbar werden und der Zusammenhang von Arbeits- und Lebensweise konkret hervortreten kann.

Wenn oben gesagt wurde, dass die Vitalität eines Klassikers auch darin bestehe, dass er in neue Metasprachen übersetzt werden kann, so gilt doch zugleich die Gegenprobe: Jede Übersetzung muss auch wieder mit der Frage konfrontiert werden, ob sie nicht wichtige Aspekte unsichtbar macht oder preisgibt. So ist es einerseits durchaus nachzuvollziehen, weshalb Laclau/Mouffe mit ihrer diskurstheoretischen »Dekonstruktion« gerade bei Gramscis Hegemoniebegriff ansetzen. Tatsächlich ist die Hegemonieproblematik ja der konzentrierte Ausdruck einer Autonomie des Politischen, auf dessen Terrain sich die Aufgabe stellt, die zerklüfteten Interessen und Bewusstseine auf einen gemeinsamen Nenner zu bringen. Die ›Einheit‹ ist nichts Gegebenes, sondern ein Aufgegebenes; sie setzt die organisierende Kohäsivkraft voraus, ohne die die Organisierten »auseinanderlaufen und sich in einer machtlosen Staubwolke auflösen« würden (7/1696). Indem Laclau/Mouffe allerdings den Hegemoniebegriff, dem *lingustic turn* entsprechend, auf eine Diskurstheorie reduzieren, geht auch einiges verloren. Selbst wenn sie darauf bestehen, dass Diskurse sich »aus sprachlichen und nicht-sprachlichen Elementen« konstituieren (1991, 159), ist mit einer solchen Ausweitung wenig gewonnen. Indem alles und jedes auf die Form des Diskurses gebracht wird, fällt dieser am Ende »mit dem Sozialen schlechthin« zusammen und wird als »analytischer Begriff unbrauchbar« (Rehmann 2008, 137 f.). Eine diskurstheoretisch reartikulierte Hegemonietheorie kann Produktionsweise nicht als vielschichtigen Prozess denken, bei dem (als veränderbar konzipierte) Strukturen ebenso ins Bild gelangen wie die Subjekte, deren Positionen nicht feststehen, sondern sich im Ringen um neue Arbeits- und Lebensweisen erst herausbilden müssen. Gramsci legt hier die Begriffe bewusst so an, dass Interventionsmöglichkeiten für die Subalternen sichtbar werden. Die Frage nach geschlechtsspezifischen Emanzipations- und Handlungsfeldern ist dabei weder untergeordnet noch nebensächlich, ebenso wenig wie die nach dem Umgang mit den natürlichen Ressourcen.

Im akademischen Umfeld nehmen Begriffe und Theorien leicht den Charakter von Spielmarken an, die wie Einsätze beim Glücksspiel bald hier, bald da platziert werden – in der Hoffnung, das eingesetzte kulturelle Kapital lasse sich schlagartig verdoppeln. Ein Beispiel liefert Scott Lash. Seine These lautet, wir seien inzwischen in einem ›post-hegemonialen‹ Zeitalter angekommen und bräuchten deshalb neue begriffliche Instrumente. Was Ausgangspunkt einer sachhaltigen Auseinandersetzung mit Hegemonie sein könnte, erweist sich allerdings rasch als Spektakel, bei dem die Begriffe von einem großen Namen zum nächsten verschoben und dabei so lange miteinander identifiziert oder gegeneinander ausgespielt werden, bis ihnen jeder Eigenwille und jede Widerständigkeit ausgetrieben ist. »Der Begriff Hegemonie stammt natürlich von Antonio Gramsci«, meint Lash zu wissen (2011, 105), um ihm dann die folgenden Bedeutungen zuzuschreiben: »Hegemonie bedeutet Herrschaft durch Konsens, nicht nur durch Zwang. Hegemonie wurde und wird verstanden als Herrschaft durch Ideologie oder Diskurs – als symbolische Macht in jenem Sinne, den Pierre Bourdieu in seinem Spätwerk entwickelt hat. In den klassischen britischen Cultural Studies wurde Hegemonie weitgehend aus der Perspektive eines Widerstands gegen solche symbolische Macht verstanden.« (96) Ob Diskurs oder Ideologie, gramscianisch oder symbolisch – für Lash spielt das alles keine Rolle, weil die Höhen der Abstraktion, von denen herab er Hegemonie für überholt erklärt, solche Unterschiede unsichtbar machen. Auf der Strecke bleibt vor allem die dialektische Offenheit und Beweglichkeit, mit der Hegemonie sich bei Gramsci immer neuen Situationen und Kontexten anverwandelt.

Gramscis Denken verknüpft scheinbar Entlegenes, bringt Übergänge ins Bild, setzt sich über fachwissenschaftliche Grenzen hinweg – und stellt damit Perspektiven her, an denen es in Wissenschaft wie Politik mangelt. Gleichzeitig ist nicht von der Hand zu weisen, dass diese offene Vielfalt möglicher Verknüpfungen ihren Preis hat: Der Hegemoniebegriff ist beweglich, entzieht sich aber einem einfachen Zugriff; er ist umfassend, aber nicht leicht zu fassen. Crehan spricht von der »slipperiness of the notion of hegemony that has frustrated so many« (2002, 183). Ein ›Gramsci lite‹ löst das Problem freilich nicht. Wer sich bei Gramsci nur die Hegemonie holen will, läuft Gefahr, auch diese zu verfehlen.

So ist ›Hegemonie‹ also nicht die Abkürzung zu Gramscis Werk, die wir uns erhofft haben. Es gibt keinen Zugang über eine einfache Definition und ohne die anderen begrifflichen Werkzeuge in Gebrauch zu nehmen – Intellektuelle, Stellungskrieg, Zivilgesellschaft, passive Revolution. Sie nehmen im Zuge der Entfaltung des Hegemoniebegriffs nach und nach ihren Platz ein und treten zu einer neuen Ordnung zusammen, die uns beim Betreten von Gramscis Werkstatt zunächst verborgen geblieben ist. Unsere erste Annäherung an den Hegemoniebegriff hat sie ins Bild gerückt. Diese Ordnung wird in den folgenden Kapiteln konkret entfaltet. Die Frage nach dem geeigneten Zugang dafür hat Gramsci selber beantwortet durch seine »methodologische Bemerkung«, die Philosophie der Praxis habe immer »von der Kritik des Alltagsverstands auszugehen« (6/1395). Dieser Kritik wollen wir uns im nächsten Kapitel zuwenden.

2. »Erkenne dich selbst« – kritische Erneuerung des Alltagsverstands

Der Alltagsverstand – italienisch ›senso comune‹ – ist der Boden, auf dem wir uns alle immer schon bewegen. Er ist »spontan die Philosophie der Volksmengen« (6/1395), die »Philosophie der Nicht-Philosophen« (1393). Nicht Königsweg also, sondern gewöhnliche Landstraße, und zugleich der Zugang zur Philosophie der Praxis, den Gramsci selber weist. Wiederum geht er so vor, dass er kritisch in das semantische Feld eingreift, anstatt es einfach zu übernehmen. Er weist »das weitverbreitete Vorurteil« zurück, »die Philosophie sei etwas sehr Schwieriges«, das daher rühre, dass man in ihr bloß »die spezifische intellektuelle Tätigkeit einer bestimmten Kategorie von spezialisierten Wissenschaftlern oder professionellen und systematischen Philosophen« erkennt (1375).

Gramsci umreißt die Orte und Grenzen dieser »›spontanen Philosophie‹ [...], die ›jedermann‹ eigen ist«, folgendermaßen: Sie ist enthalten »1. in der Sprache selbst, die ein Ensemble von bestimmten Bezeichnungen und Begriffen ist und nicht etwa nur von grammatikalisch inhaltsleeren Wörtern; 2. im Alltagsverstand und gesunden Menschenverstand; 3. in der Popularreligion und folglich auch im gesamten System von Glaubensinhalten, Aberglauben, Meinungen, Sicht- und Handlungsweisen, die sich in dem zeigen, was allgemein ›Folklore‹ genannt wird« (1375). Diese »Philosophie der Nicht-Philosophen« ist zunächst immer »mechanisch von der äußeren Umgebung ›auferlegt‹, und zwar von einer der vielen gesellschaftlichen Gruppen, in die jeder automatisch von seinem Eintritt in die bewusste Welt an einbezogen ist (und die das eigene Dorf oder die Provinz sein kann, ihren Ursprung in der Pfarrgemeinde und in der ›intellektuellen Tätigkeit‹ des Pfarrers oder des patriarchalischen großen Alten haben kann, dessen ›Weisheit‹ Gesetz ist, in dem Weiblein, welches das Wissen von den Hexen geerbt hat, oder im Kleinintellektuellen, der in der eigenen Dummheit und Handlungsunfähigkeit versauert ist)« (1375).

Diese Konstellation prägender Einflüsse lässt unschwer das ländliche Italien bzw. Sardinien von Gramscis Jugendzeit erkennen. Es wird also nötig sein, die massenhaft wirksamen Elemente des Alltagsverstands für jede Zeit neu zu bestimmen. Der Alltagsverstand ist »eine Kollektivbezeichnung wie ›Religion‹: es gibt nicht einen einzigen Alltagsverstand, denn auch dieser ist ein historisches Produkt und ein geschichtliches Werden« (1377). Dass er eine geschichtliche Größe ist, heißt allerdings nicht, dass er homogen wäre und restlos im ›herrschenden Denken‹ seiner Zeit aufginge. Der Alltagsverstand ist vieldeutig und widersprüchlich zusammengesetzt, er bezieht seine Elemente aus verschiedenen Zeitschichten, weil lebendige Überzeugungen und rationale Verhaltensweisen darin immer wieder verknöchern und nur aus Mangel an Kritik fortbestehen. Wo bestimmte seiner Elemente der Weltauffassung der führenden Gruppe entgegenstehen, wird diese versuchen, auf den Alltagsverstand einzuwirken, ihn »zu überwinden« und einen zu ihrer Weltauffassung »besser passenden zu schaffen« (1395 f.).

Natürlich gilt dieselbe Notwendigkeit, auf die alltäglichen Denkgewohnheiten einzuwirken, auch für gesellschaftliche Kräfte, die aus einer bisher subalternen Position ins Ringen um Hegemonie eintreten. Ins Denken und Fühlen der Menschen kann ihre neue Weltauffassung nur übergehen, wenn es ihnen gelingt, diese im Alltagsverstand zu verankern. Nicht umsonst steht der italienische Ausdruck ›senso comune‹ »mit dem hegemonietheoretischen Zentralbegriff des Konsenses« in enger Verbindung, was die deutsche Übertragung ›Alltagsverstand‹ allerdings schuldig bleiben muss (Jehle 1994, 166 f.). Gramscis Philosophie der Praxis ist auf eingreifendes Verändern angelegt und kann »nicht anders als in polemischer Form, der des fortwährenden Kampfes«, auftreten. »Jedoch muss der Ausgangspunkt immer der Alltagsverstand sein, der spontan die Philosophie der Volksmengen ist, die es ideologisch homogen zu machen gilt.« (6/1395)

2.1 Von der Religion zum Konsumismus

»Religion, Alltagsverstand, Philosophie. Den Zusammenhang zwischen diesen drei intellektuellen Ordnungen auffinden«, notiert sich Gramsci in Heft 8 (5/1056). Als er diesen Gedanken in Heft 11 wieder aufnimmt, präzisiert er: »Die Philosophie ist eine intellektuelle Ordnung, was weder die Religion noch der Alltagsverstand sein können.« (6/1377) Die Terminologie ist noch fließend, Ausdruck eines Denkens im Vollzug. Das gilt auch für die oben angeführte Stelle, wo Gramsci den Alltagsverstand als ein Element neben anderen unter dem Überbegriff ›spontane Philosophie‹ fasst (die anderen Elemente sind ›Sprache‹ und ›Popularreligion‹ bzw. ›Folklore‹), während er ihn sonst zumeist als übergeordneten Begriff verwendet, der auch sprachliche und religiöse bzw. folkloristische Phänomene umfassen kann. Tatsächlich will Gramsci mit Begriffen wie Wissenschaft, Philosophie, Religion, Folklore und Alltagsverstand ein Feld beschreiben, das nicht starr aufgeteilt, sondern ständig in Bewegung ist – nicht nur, weil sich die spezifischen Inhalte im Lauf der Zeit verändern, sondern weil die Elemente innerhalb dieses Felds wandern können: So hinterlässt beispielsweise jede philosophische Strömung »eine Ablagerung von ›Alltagsverstand‹«, ja dies ist geradezu das »Zeugnis ihrer historischen Leistung« (1/137); aber um-gekehrt ist es auch möglich, dass z.B. im Rahmen eines politischen Aufbruchs diffuse Elemente aus dem Alltagsverstand »mit der Kohärenz und der Kraft der individuellen Philosophien« ausgestattet werden (6/1382). So musste der Alltagsverstand »zwangsläufig im 17. und 18. Jahrhundert gepriesen werden, als gegen das von der Bibel und von Aristoteles repräsentierte Autoritätsprinzip angegangen wurde: man entdeckte in der Tat, dass es im ›Alltagsverstand‹ eine gewisse Dosis von ›Experimentiergeist‹ und unmittelbarer Realitätsbeobachtung gab« (1338). Daran anzuknüpfen bleibt eine Aufgabe jeder Kraft, die emanzipatorisch wirken möchte.

Vor diesem Hintergrund werden wir es auch nicht als Festlegung missverstehen, wenn Gramsci notiert: »Die Hauptelemente des Alltagsverstands werden von den Religionen geliefert, und folglich ist die Beziehung zwischen Alltagsverstand und Religion viel enger als zwischen Alltagsverstand und philosophischen Systemen der Intellektuellen.« (1394) Dies beschreibt die Situation im katholischen Italien in der ersten Hälfte des 20. Jahrhunderts. Dabei entwirft Gramsci ein differenziertes Bild, das zu einer konkreten Untersuchung der ideologischen Verhältnisse anleitet: »Jede Religion, auch die katholische (sogar besonders die katholische, gerade aufgrund ihrer Anstrengungen, ›an der Oberfläche‹ einheitlich zu bleiben [...]), ist in Wirklichkeit eine Vielzahl unterschiedlicher und oft widersprüchlicher Religionen: es gibt einen Katholizismus der Bauern, einen Katholizismus der Kleinbürger und Arbeiter aus der Stadt, einen Katholizismus der Frauen und einen Katholizismus der Intellektuellen.« (1394)

1973, also etwa vier Jahrzehnte später, schreibt Pier Paolo Pasolini in einer der angesehensten Zeitungen Italiens, im *Corriere della Sera*: »Der Katholizismus war in der Tat formal das einzige kulturelle Phänomen, das alle Italiener ›einte‹. Heute muss er nun mit jenem neuen, ›vereinheitlichenden‹ Kulturphänomen – dem allgemeinen Hedonismus – konkurrieren; und die neue Herrschaft hat schon seit einigen Jahren begonnen, ihn als Konkurrenten auszuschalten.« (1998, 40 f.) Unter »Hedonismus« versteht Pasolini das Aufkommen des Massenkonsums – Kleider, Haushaltsgeräte, Autos –, eine »Ideologie des Konsums«, die auch die Mentalität einer »modernistischen Toleranz amerikanischer Machart« nach sich ziehe (48), die den Einfluss der Religion auf den Alltagsverstand zunehmend ablöse. Wenn Pasolini darin nicht weniger als eine »anthropologische Revolution in Italien« zu erkennen glaubt (47), so lässt sich an dieser heftigen Reaktion ablesen, welche kulturelle Erschütterung die konsumistische Umgestaltung der Gesellschaften damals darstellte. Zwar hatte bereits Gramsci die frühen amerikanischen Ansätze rationalisierter Massenproduktion analysiert (wir werden uns im fünften Kapitel damit beschäftigen), aber als ein auch in Europa breite Bevölkerungsschichten erreichendes Gesellschafts- und Konsummodell setzte sich dieser ›Fordismus‹ erst nach dem Zweiten Weltkrieg durch. Das schiere Ausmaß, in dem seither Werbung und Warenästhetik, Freizeit- und Kulturindustrie den Alltagsverstand mitformen, musste unvorstellbar bleiben für jemanden, der den ›Wirtschaftswunder‹-Boom nach dem Krieg nicht selbst erlebt hat.

Als entscheidenden Faktor für die Durchsetzung der bewusstseinsformenden Macht des Konsumismus sieht Pasolini »die Revolution im Informationswesen« (1998, 41). Hier bahnt sich eine weitere wichtige Verschiebung an im Vergleich zu der Situation, die Gramsci beschrieb. Zornig klagt Pasolini die Chefetage des italienischen Fernsehens an:

»Kein faschistischer Zentralismus hat das geschafft, was der Zentralismus der Konsumgesellschaft geschafft hat. Der Faschismus propagierte ein reaktionäres und monumentales Modell, das aber auf dem Papier blieb. Die verschiedenen Sonderkulturen (die der Bauern, der Subproletarier, der Arbeiter) orientierten sich weiter unbeirrbar an ihren überlieferten Modellen. [...] Mit Hilfe des Fernsehens hat das Zentrum das ganze Land, das historisch außerordentlich vielfältig [...] war, seinem Bilde angeglichen.« (40f.)

Zieht man Provokation und Pauschalisierung ab, so bleibt der zutreffende Hinweis auf eine seit den 1950er Jahren flächendeckend sich ausbreitende neue Massenkommunikation, die den Alltagsverstand mit ihrer Konsumausrichtung wirksam mitformt. Freilich ist es seit Pasolinis Kritik beim Fernsehen zu weiteren Modifikationen gekommen. In vielen europäischen Ländern stellt der Übergang vom öffentlich-rechtlichen ›Staats‹-Rundfunk zu einer gemischten Form mit einer Vielzahl von Privat- und Spartensendern eine Zäsur dar. Die Vervielfältigung der Angebote geht mit einer zunehmenden Segmentierung der Öffentlichkeit und einer wachsenden Kommerzialisierung einher. Medienmacht ballt sich in privaten Händen und hat in Italien seit den 1990er Jahren zu einer neuen Form von »Cäsarismus« geführt.[6] Der neue Cäsar Berlusconi war nicht zufällig ein Medienzar, der seine Anhängerschaft im Stil eines Fanclubs organisierte, was freilich nur möglich war unter Bedingungen, die bereits Gramsci beschrieben hatte: »Elend des parlamentarischen Lebens, Leichtigkeit, die Parteien zu zersetzen, indem man ihre wenigen unentbehrlichen Leute korrumpiert, absorbiert. Daher Elend des kulturellen Lebens und erbärmliche Enge der gehobenen Kultur.« (2/423)

2.2 Konformismus und Kritik

Ein »grundlegender und charakteristischer Zug« des Alltagsverstands ist es für Gramsci, »eine (auch in den einzelnen Hirnen) auseinanderfallende, inkohärente, inkonsequente Auffassung zu sein« (6/1394). Im Modus dieser bloß passiv übernommenen persönlichen Konstellation hat das Subjekt zwar für (fast) jede alltägliche Situation ein Rezept, einen Affekt, eine Reaktion parat, aber all diese Denk-, Fühl- und Verhaltensweisen folgen undurchschauten und unter Umständen gegenläufigen Mustern; sie reihen unvereinbare Sichtweisen aneinander, führen ungeprüft Traditionen und Ideologien fort, konservieren Erfahrungen, deren Anlässe längst vergessen sind und bearbeiten neue Problemlagen »mit einem Denken, das für Probleme der oft sehr fernen und überholten Vergangenheit ausgearbeitet worden ist« (1376). Auch wenn es »ein Unverstand« wäre, sich auf den Alltagsverstand »als Prüfstein von Wahrheiten zu beziehen«, so bedeutet das nicht, »dass es im Alltagsverstand keine Wahrheiten gibt« (1397). Ähnlich wie für uns heute das Internet ist der Alltagsverstand für Gramsci »eine chaotische Ansammlung disparater Auffassungen, und in ihm lässt sich alles finden, was man will« (1396). Das ist nicht erstaunlich, wenn man bedenkt, dass sich der Alltagsverstand aus dem riesigen Fundus einer langen und zumeist unkritisch übernommenen Überlieferungsgeschichte speist.

Tatsächlich gibt das ›Surfen auf dem Internet‹ ein anschauliches Modell für das Zustandekommen des Alltagsverstands ab. Auch im Fundus des World Wide Web finden sich »Elemente des Höhlenmenschen und Prinzipien der modernsten und fortgeschrittensten Wissenschaft, Vorurteile aller vergangenen, lokal bornierten geschichtlichen Phasen und Intuitionen einer künftigen Philosophie, wie sie einem weltweit vereinigten Menschengeschlecht zueigen sein wird« (1376). Geht Gramsci davon aus,

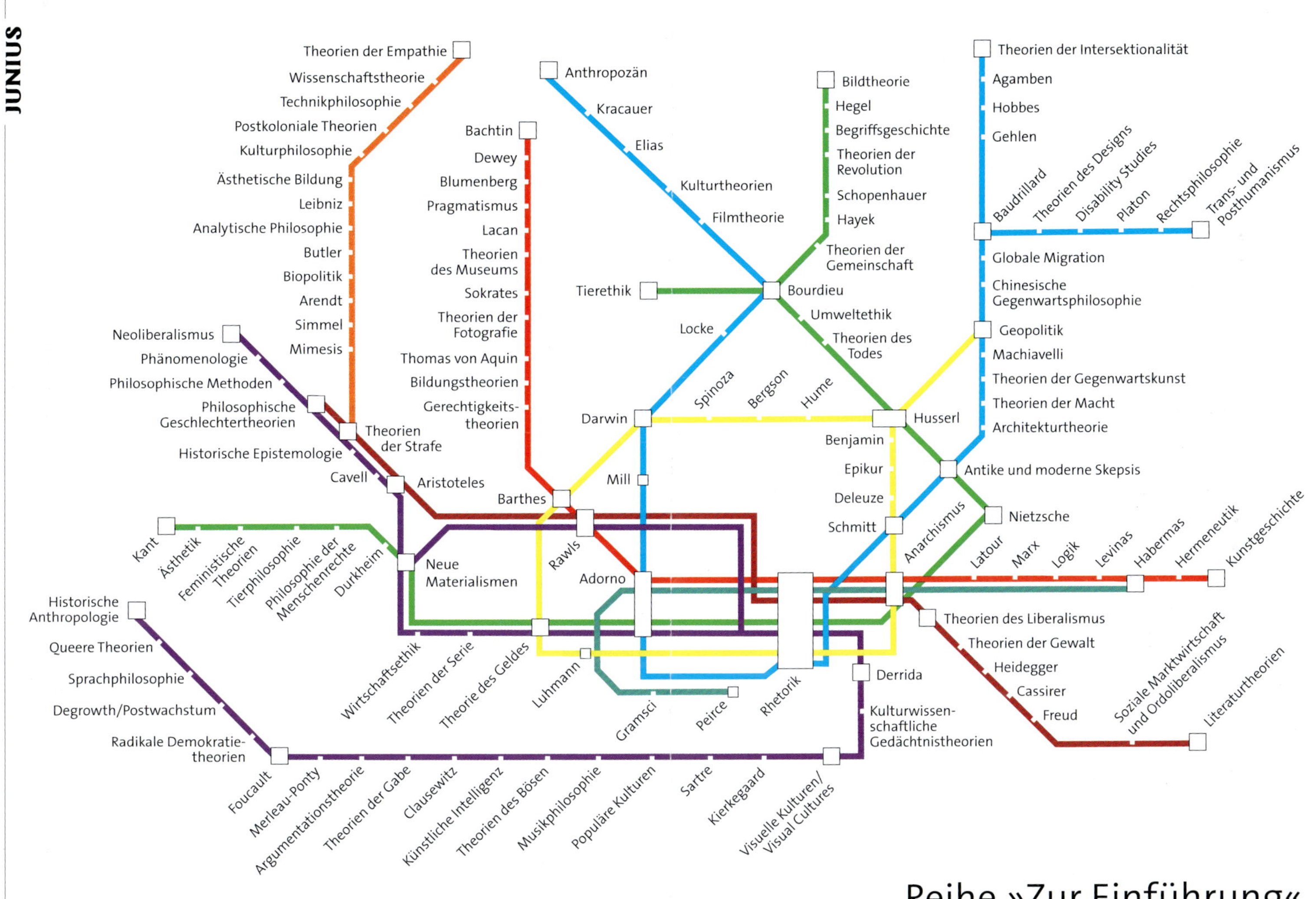

JUNIUS
Theorien der Empathie
Wissenschaftstheorie
Technikphilosophie
Postkoloniale Theorien
Kulturphilosophie
Ästhetische Bildung
Leibniz
Analytische Philosophie
Butler
Biopolitik
Arendt
Simmel
Mimesis
Theorien der Strafe
Anthropozän
Kracauer
Elias
Kulturtheorien
Filmtheorie
Bachtin
Dewey
Blumenberg
Pragmatismus
Lacan
Theorien des Museums
Sokrates
Theorien der Fotografie
Thomas von Aquin
Bildungstheorien
Gerechtigkeits-theorien
Bildtheorie
Hegel
Begriffsgeschichte
Theorien der Revolution
Schopenhauer
Hayek
Theorien der Gemeinschaft
Bourdieu
Tierethik
Umweltethik
Theorien des Todes
Locke
Theorien der Intersektionalität
Agamben
Hobbes
Gehlen
Baudrillard
Theorien des Designs
Disability Studies
Platon
Rechtsphilosophie
Trans- und Posthumanismus
Globale Migration
Chinesische Gegenwartsphilosophie
Geopolitik
Machiavelli
Theorien der Gegenwartskunst
Theorien der Macht
Architekturtheorie
Neoliberalismus
Phänomenologie
Philosophische Methoden
Philosophische Geschlechtertheorien
Historische Epistemologie
Cavell
Aristoteles
Darwin
Spinoza
Bergson
Hume
Husserl
Benjamin
Epikur
Deleuze
Schmitt
Antike und moderne Skepsis
Mill
Barthes
Nietzsche
Kant
Ästhetik
Feministische Theorien
Tierphilosophie
Philosophie der Menschenrechte
Durkheim
Neue Materialismen
Rawls
Adorno
Anarchismus
Latour
Marx
Logik
Levinas
Habermas
Hermeneutik
Kunstgeschichte
Historische Anthropologie
Queere Theorien
Sprachphilosophie
Degrowth/Postwachstum
Radikale Demokratie-theorien
Wirtschaftsethik
Theorien der Serie
Theorie des Geldes
Luhmann
Gramsci
Peirce
Rhetorik
Derrida
Kulturwissen-schaftliche Gedächtnistheorien
Theorien des Liberalismus
Theorien der Gewalt
Heidegger
Cassirer
Freud
Soziale Marktwirtschaft und Ordoliberalismus
Literaturtheorien
Foucault
Merleau-Ponty
Argumentationstheorie
Theorien der Gabe
Clausewitz
Künstliche Intelligenz
Theorien des Bösen
Musikphilosophie
Populäre Kulturen
Sartre
Kierkegaard
Visuelle Kulturen/ Visual Cultures
Reihe »Zur Einführung«

A

Theodor W. Adorno
von Gerhard Schweppenhäuser
8. Aufl., 15,90 Euro [D]
ISBN 978-3-88506-671-2

Giorgio Agamben
von Eva Geulen
3. Aufl., 13,90 Euro [D]
ISBN 978-3-88506-670-5

Hans Albert
von Eric Hilgendorf
13,50 Euro [D]
ISBN 978-3-88506-943-0

Analytische Philosophie
von Albert Newen
3. Aufl., 15,90 Euro [D]
ISBN 978-3-88506-611-8

Anarchismus
von Daniel Loick
4. Aufl., 16,90 Euro [D]
ISBN 978-3-88506-768-9

Angewandte Ethik
von Urs Thurnherr
2. Aufl., 15,90 Euro [D]
ISBN 978-3-88506-322-3

Anthropozän
von Eva Horn und Hannes Bergthaller
3. Aufl., 16,90 Euro [D]
ISBN 978-3-96060-311-5

Antike und moderne Skepsis
von Markus Gabriel
3. Aufl., 14,90 Euro [D]
ISBN 978-3-88506-649-1

Antike politische Philosophie
von Walter Reese-Schäfer
3. Aufl., 16,90 Euro [D]
ISBN 978-3-88506-971-3

Theorien der Arbeit
von Alexandra Manske und Wolfgang Menz
17,90 Euro (D)
ISBN 978-3-96060-330-6

Architekturtheorie
von Jörg H. Gleiter
17,90 Euro [D]
ISBN 978-3-96060-324-5

Hannah Arendt
von Grit Straßenberger
4. Aufl., 15,90 Euro [D]
ISBN 978-3-88506-089-5

Argumentationstheorie
von Josef Kopperschmidt
3. Aufl., 13,90 Euro [D]
ISBN 978-3-88506-320-9

Aristoteles
von Christof Rapp
6. Aufl., 16,90 Euro [D]
ISBN 978-3-88506-690-3

Ästhetik
von Stefan Majetschak
5. Aufl., 14,90 Euro [D]
ISBN 978-3-88506-634-7

Ästhetische Bildung
von Iris Laner
2. Aufl., 16,90 Euro [D]
ISBN 978-3-96060-300-9

Augustinus
von Johann Kreuzer
2. Aufl., 13,90 Euro [D]
ISBN 978-3-88506-609-5

B

Michail Bachtin
von Sylvia Sasse
2. Aufl., 14,90 Euro [D]
ISBN 978-3-88506-659-0

Roland Barthes
von Ottmar Ette
2. Aufl., 13,90 Euro [D]
ISBN 978-3-88506-694-1

Georges Bataille
von Peter Wiechens
2. Aufl., 15,90 Euro (D)
ISBN 978-3-88506-907-2

Jean Baudrillard
von Falko Blask
4. Aufl., 13,90 Euro [D]
ISBN 978-3-88506-067-3

Begriffsgeschichte
von Ernst Müller und Falko Schmieder
15,90 Euro [D]
ISBN 978-3-96060-317-7

Walter Benjamin
von Sven Kramer
5. Aufl., 13,90 Euro [D]
ISBN 978-3-88506-683-5

Henri Bergson
von Gilles Deleuze
5. Aufl., 14,90 Euro [D]
ISBN 978-3-88506-336-0

Bildtheorie
von Wolfram Pichler und Ralph Ubl
4. Aufl., 16,90 Euro [D]
ISBN 978-3-88506-074-1

Bildungstheorien
von Markus Rieger-Ladich
2. Aufl., 14,90 Euro [D]
ISBN 978-3-96060-304-7

Biophilosophie
von Kristian Köchy
14,90 Euro [D]
ISBN 978-3-88506-650-7

Biopolitik
von Thomas Lemke
2. Aufl., 13,90 Euro [D]
ISBN 978-3-88506-635-4

Biorobotik
von Marco Tamborini
16,90 Euro [D]
ISBN 978-3-96060-345-0

Hans Blumenberg
von Franz Josef Wetz
5. Aufl., 15,90 Euro [D]
ISBN 978-3-88506-684-2

Theorien des Bösen
von Jörg Noller
2. Aufl., 14,90 Euro [D]
ISBN 978-3-88506-788-7

Pierre Bourdieu
von Markus Schwingel
9. Aufl., 15,90 Euro [D]
ISBN 978-3-88506-380-3

Judith Butler
von Hannelore Bublitz
6. Aufl., 14,90 Euro [D]
ISBN 978-3-88506-678-1

C

Ernst Cassirer
von Heinz Paetzold
5. Aufl., 14,90 Euro [D]
ISBN 978-3-88506-371-1

Stanley Cavell
von Elisabeth Bronfen
15,90 Euro [D]
ISBN 978-3-88506-608-8

Chinesische Gegenwartsphilosophie
von Fabian Heubel
15,90 Euro [D]
ISBN 978-3-88506-745-0

Clausewitz
von Sebastian Schindler
14,90 Euro [D]
ISBN 978-3-96060-309-2

Theorien des Computerspiels
von Gamescoop
14,90 Euro [D]
ISBN 978-3-88506-691-0

Auguste Comte
von Gerhard Wagner
11,50 Euro [D]
ISBN 978-3-88506-335-3

D

Charles Darwin
von Julia Voss
13,90 Euro [D]
ISBN 978-3-88506-654-5

Donald Davidson
von Kathrin Glüer
12,90 Euro [D]
ISBN 978-3-88506-889-1

Degrowth/Postwachstum
von Matthias Schmelzer und Andrea Vetter
3. Aufl., 15,90 Euro [D]
ISBN 978-3-96060-307-8

Gilles Deleuze
von Michaela Ott
4. Aufl., 13,90 Euro [D]
ISBN 978-3-88506-603-3

Demokratietheorien
von Francis Cheneval
14,90 Euro [D]
ISBN 978-3-88506-701-6

Jacques Derrida
von Susanne Lüdemann
4. Aufl., 15,90 Euro [D]
ISBN 978-3-88506-686-6

René Descartes
von Peter Prechtl
2. Aufl., 12,50 Euro [D]
ISBN 978-3-88506-926-3

Theorien des Designs
von Claudia Mareis
3. Aufl., 15,90 Euro [D]
ISBN 978-3-88506-086-4

John Dewey
von Martin Suhr
3. Aufl., 14,90 Euro [D]
ISBN 978-3-88506-396-4

Digitale Literatur
von Hannes Bajohr und Simon Roloff
ca. 15,90 Euro (D)
ISBN 978-3-96060-339-9

Philosophie des Digitalen
von Gabriele Gramelsberger
2. Aufl., 16,90 Euro (D)
ISBN 978-3-96060-337-5

Digitales Wissen, Daten und Überwachung
von Thomas Christian Bächle
15,90 Euro [D]
ISBN 978-3-88506-767-2

Wilhelm Dilthey
von Matthias Jung
2. Aufl., 14,90 Euro [D]
ISBN 978-3-88506-088-8

Disability Studies
von Anne Waldschmidt
15,90 Euro [D]
ISBN 978-3-96060-319-1

Theorien des Dokumentarfilms
von Oliver Fahle
16,90 Euro [D]
ISBN 978-3-96060-313-9

Émile Durkheim
von Heike Delitz
14,90 Euro [D]
ISBN 978-3-88506-068-0

E

Meister Eckhart
von Norbert Winkler
2. Aufl., 16,90 Euro [D]
ISBN 978-3-88506-944-7

Theorien des Eigentums
von Niklas Angebauer
und Tilo Wesche
ca. 17,90 Euro [D]
ISBN 978-3-96060-340-5

Mircea Eliade
von Richard Reschika
13,50 Euro [D]
ISBN 978-3-88506-960-7

Norbert Elias
von Ralf Baumgart
und Volker Eichener
3. Aufl., 14,90 Euro [D]
ISBN 978-3-88506-070-3

Theorien der Empathie
von Susanne Schmetkamp
2. Aufl., 15,90 Euro [D]
ISBN 978-3-96060-310-8

Theorien der Entfremdung
von Christoph Henning
2. Aufl., 15,90 Euro [D]
ISBN 978-3-88506-704-7

Epikur
von Carl-Friedrich Geyer
4. Aufl., 14,90 Euro [D]
ISBN 978-3-88506-328-5

Erkenntnistheorie
von Herbert Schnädelbach
4. Aufl., 14,90 Euro [D]
ISBN 978-3-88506-368-1

Erzähltheorie und Erzähltechniken
von Michael Niehaus
16,90 Euro [D]
ISBN 978-3-96060-325-2

Amitai Etzioni
von Walter Reese-Schäfer
11,50 Euro [D]
ISBN 978-3-88506-342-1

Evolutionäre Anthropologie
von Marianne Sommer
14,90 Euro [D]
ISBN 978-3-88506-091-8

F

Feministische Theorien
von Regina Becker-Schmidt
und Gudrun-Axeli Knapp
8. Aufl., 15,90 Euro [D]
ISBN 978-3-88506-648-4

Fernsehtheorie
von Lorenz Engell
15,90 Euro [D]
ISBN 978-3-88506-692-7

Filmtheorie
von Thomas Elsaesser
und Malte Hagener
6. Aufl., 16,90 Euro [D]
ISBN 978-3-88506-078-9

Formen philosophischer Schriften
von Werner Stegmaier
16,90 Euro [D]
ISBN 978-3-96060-320-7

Theorien der Fotografie
von Peter Geimer
6. Aufl., 15,90 Euro [D]
ISBN 978-3-88506-666-8

Michel Foucault
von Philipp Sarasin
8. Aufl., 15,90 Euro [D]
ISBN 978-3-88506-066-6

Sigmund Freud
von Andreas Mayer
3. Aufl., 15,90 Euro [D]
ISBN 978-3-88506-090-1

G

Theorien der Gabe
von Iris Därmann
2. Aufl., 13,90 Euro [D]
ISBN 978-3-88506-675-0

Hans-Georg Gadamer
von Udo Tietz
4. Aufl., 14,90 Euro [D]
ISBN 978-3-88506-612-5

Theorien der Gegenwartskunst
von Juliane Rebentisch
5. Aufl., 15,90 Euro [D]
ISBN 978-3-88506-697-2

Arnold Gehlen
von Christian Thies
3. Aufl., 13,90 Euro [D]
ISBN 978-3-88506-329-2

Philosophie des Geistes
von Jasper Liptow
14,90 Euro [D]
ISBN 978-3-88506-072-7

Theorie des Geldes
von Axel T. Paul
15,90 Euro [D]
ISBN 978-3-88506-796-2

Theorien der Gemeinschaft
von Hartmut Rosa u.a.
2. Aufl., 14,90 Euro [D]
ISBN 978-3-88506-667-5

Geopolitik
von Niels Werber
2. Aufl., 16,90 Euro [D]
ISBN 978-3-88506-085-7

Gerechtigkeitstheorien
von Bernd Ladwig
3. Aufl., 16,90 Euro [D]
ISBN 978-3-88506-693-4

Geschichtsphilosophie
von Johannes Rohbeck
4. Aufl., 14,90 Euro [D]
ISBN 978-3-88506-602-6

Philosophische Geschlechtertheorien
von Friederike Kuster
15,90 Euro [D]
ISBN 978-3-96060-305-4

Theorien der Gewalt
von Teresa Koloma Beck
und Klaus Schlichte
3. Aufl., 14,90 Euro [D]
ISBN 978-3-88506-080-2

Antonio Gramsci
von Thomas Barfuss
und Peter Jehle
4. Aufl., 15,90 Euro [D]
ISBN 978-3-88506-084-0

Theorien des Guten
von Martin Hähnel
und Maria Schwartz
14,90 Euro [D]
ISBN 978-3-96060-301-6

H

Jürgen Habermas
von Mattias Iser
und David Strecker
3. Aufl., 15,90 Euro [D]
ISBN 978-3-88506-668-2

Stuart Hall und die Cultural Studies
von Sauli Havu und
Juha Koivisto
ca. 16,90 Euro [D]
ISBN 978-3-96060-343-6

Donna Haraway
von Katharina Hoppe
2. Aufl., 16,90 Euro [D]
ISBN 978-3-96060-333-7

Friedrich A. von Hayek
von Hans Jörg Hennecke
4. Aufl., 15,90 Euro [D]
ISBN 978-3-88506-655-2

G.W.F. Hegel
von Herbert Schnädelbach
7. Aufl., 14,90 Euro [D]
ISBN 978-3-88506-352-0

Martin Heidegger
von Günter Figal
8. Aufl., 14,90 Euro [D]
ISBN 978-3-88506-750-4

Johann Friedrich Herbart
von Matthias Heesch
10,50 Euro [D]
ISBN 978-3-88506-999-7

Johann Gottfried Herder
von Jens Heise
2. Aufl., 11,50 Euro [D]
ISBN 978-3-88506-628-6

Hermeneutik
von Matthias Jung
6. Aufl., 15,90 Euro [D]
ISBN 978-3-88506-065-9

Historische Anthropologie
von Jakob Tanner
3. Aufl., 15,90 Euro [D]
ISBN 978-3-88506-601-9

Historische Epistemologie
von Hans-Jörg Rheinberger
4. Aufl., 14,90 Euro [D]
ISBN 978-3-88506-636-1

Thomas Hobbes
von Wolfgang Kersting
5. Aufl., 14,90 Euro [D]
ISBN 978-3-88506-673-6

David Hume
von Heiner F. Klemme
2. Aufl., 13,90 Euro [D]
ISBN 978-3-88506-637-8

Edmund Husserl
von Peter Prechtl
6. Aufl., ca. 15,90 Euro [D]
ISBN 978-3-88506-369-8

I/J

Philosophie der internationalen Politik
von Frank Dietrich
und Véronique Zanetti
13,90 Euro [D]
ISBN 978-3-88506-081-9

Theorien der Intersektionalität
von Katrin Meyer
2. Aufl., 15,90 Euro [D]
ISBN 978-3-88506-782-5

Islam
von Peter Heine
2. Aufl., 12,50 Euro [D]
ISBN 978-3-88506-365-0

Karl Jaspers
von Werner Schüßler
10,50 Euro [D]
ISBN 978-3-88506-914-0

C.G. Jung
von Micha Brumlik
3. Aufl., 14,90 Euro [D]
ISBN 978-3-88506-397-1

K

Immanuel Kant
von Arno Schubbach
15,90 Euro [D]
ISBN 978-3-96060-331-3

Kapitalismus
von Julian L. Garritzmann
16,90 Euro [D]
ISBN 978-3-96060-335-1

Hans Kelsen
von Horst Dreier
17,90 Euro (D)
ISBN 978-3-96060-336 8

Sören Kierkegaard
von Konrad P. Liessmann
8. Aufl., 15,90 Euro [D]
ISBN 978-3-88506-625-5

Friedrich Kittler
von Geoffrey
Winthrop-Young
13,90 Euro [D]
ISBN 978-3-88506-607-1

Alexander Kluge
von Rainer Stollmann
2. Aufl., 15,90 Euro [D]
ISBN 978-3-88506-975-1

Lawrence Kohlberg
von Detlef Garz
2. Aufl., 13,90 Euro [D]
ISBN 978-3-88506-647-7

Siegfried Kracauer
von Gertrud Koch
2. Aufl., 14,90 Euro [D]
ISBN 978-3-88506-669-9

Kulturphilosophie
von Ralf Konersmann
3. Aufl., 14,90 Euro [D]
ISBN 978-3-88506-674-3

Kulturtheorien
von Iris Därmann
3. Aufl., 14,90 Euro [D]
ISBN 978-3-88506-688-0

Kulturwissenschaftliche Gedächtnistheorien
von Nicolas Pethes
2. Aufl., 13,90 Euro [D]
ISBN 978-3-88506-656-9

Kunstgeschichte
von Ulrich Pfisterer,
17,90 Euro [D]
ISBN 978-3-88506-705-4

Künstliche Intelligenz
von Sebastian Rosengrün
15,90 Euro [D]
ISBN 978-3-96060-323-8

L

Jacques Lacan
von Gerda Pagel
7. Aufl., 13,90 Euro [D]
ISBN 978-3-88506-364-3

Bruno Latour
von Henning Schmidgen
3. Aufl., 15,90 Euro [D]
ISBN 978-3-88506-680-4

Philosophie der Lebenskunst
von Ferdinand Fellmann
13,90 Euro [D]
ISBN 978-3-88506-664-4

Gottfried Wilhelm Leibniz
von Hans Poser
4. Aufl., 15,90 Euro [D]
ISBN 978-3-88506-613-2

Emmanuel Levinas
von Werner Stegmaier
3. Aufl., 15,90 Euro [D]
ISBN 978-3-88506-672-9

Claude Lévi-Strauss
von Thomas Reinhardt
2. Aufl., 13,90 Euro [D]
ISBN 978-3-88506-658-3

Theorien des Liberalismus
von Christine Bratu und
Moritz Dittmeyer
14,90 Euro [D]
ISBN 978-3-88506-797-9

Literaturtheorien
von Oliver Simons
2. Aufl., 14,90 Euro [D]
ISBN 978-3-88506-083-3

John Locke
von Walter Euchner
3. Aufl., 13,90 Euro [D]
ISBN 978-3-88506-600-2

Logik
von Wilhelm Büttemeyer
16,90 Euro [D]
ISBN 978-3-88506-079-6

Niklas Luhmann
von Walter Reese-Schäfer
7. Aufl., 15,90 Euro [D]
ISBN 978-3-88506-696-5

Jean-François Lyotard
von Walter Reese-Schäfer
5. Aufl., 15,90 Euro [D]
ISBN 978-3-88506-913-3

M

Niccolò Machiavelli
von Quentin Skinner
6. Aufl., 12,90 Euro [D]
ISBN 978-3-88506-350-6

Theorien der Macht
von Andreas Anter
6. Aufl., 15,90 Euro [D]
ISBN 978-3-88506-062-8

Karl Mannheim
von Wilhelm Hofmann
13,50 Euro [D]
ISBN 978-3-88506-938-6

Karl Marx
von Christian Schmidt
2. Aufl., 15,90 Euro [D]
ISBN 978-3-88506-806-8

Neue Materialismen
von Katharina Hoppe
und Thomas Lemke
3. Aufl., ca. 15,90 Euro [D]
ISBN 978-3-96060-322-1

Medizinphilosophie
von Cornelius Borck
2. Aufl., 15,90 Euro [D]
ISBN 978-3-88506-746-7

Philosophie der Menschenrechte
von Christoph Menke
und Arnd Pollmann
4. Aufl., 15,90 Euro [D]
ISBN 978-3-88506-639-2

Maurice Merleau-Ponty
von Christian Bermes
4. Aufl., 14,90 Euro [D]
ISBN 978-3-88506-399-5

Metaethik
von Markus Rüther
15,90 Euro [D]
ISBN 978-3-88506-709-2

Philosophische Methoden
von Tatjana Schönwälder-Kuntze
3. Aufl., 14,90 Euro [D]
ISBN 978-3-88506-092-5

Globale Migration
von Helen Schwenken
14,90 Euro [D]
ISBN 978-3-88506-805-1

John Stuart Mill
von Dominique Kuenzle
und Michael Schefczyk
2. Aufl., 15,90 Euro [D]
ISBN 978-3-88506-660-6

Mimesis
von Friedrich Balke
15,90 Euro [D]
ISBN 978-3-96060-302-3

Michel de Montaigne
von Peter Burke
4. Aufl., 12,90 Euro [D]
ISBN 978-3-88506-392-6

George Edward Moore
von Bert Heinrichs
14,90 Euro [D]
ISBN 978-3-96060-306-1

Moralbegründungen
von Konrad Ott
3. Aufl., 15,90 Euro [D]
ISBN 978-3-88506-614-9

Theorien des Museums
von Anke te Heesen
4. Aufl., 15,90 Euro [D]
ISBN 978-3-88506-698-9

Musikphilosophie
von Richard Klein
2. Aufl., 15,90 Euro [D]
ISBN 978-3-88506-087-1

N

Antonio Negri
von Roberto Nigro
15,90 Euro [D]
ISBN 978-3-96060-342-9

Neoliberalismus
von Thomas Biebricher
4. Aufl., 16,90 Euro [D]
ISBN 978-3-88506-743-6

Friedrich Nietzsche
von Werner Stegmaier
4. Aufl., 15,90 Euro [D]
ISBN 978-3-88506-695-8

Nikolaus von Kues
von Norbert Winkler
2. Aufl., 16,90 Euro [D]
ISBN 978-3-88506-339-1

P/Q

Charles Sanders Peirce
von Helmut Pape
2. Aufl., 14,90 Euro [D]
ISBN 978-3-88506-093-2

Phänomenologie
von Ferdinand Fellmann
4. Aufl., 14,90 Euro [D]
ISBN 978-3-88506-744-3

Philologie
von Marcel Lepper
13,90 Euro [D]
ISBN 978-3-88506-063-5

Jean Piaget
von Ingrid Scharlau
3. Aufl., 13,90 Euro [D]
ISBN 978-3-88506-646-0

Platon
von Barbara Zehnpfennig
6. Aufl., 15,90 Euro [D]
ISBN 978-3-88506-348-3

Politische Philosophie
von Elif Özmen
12,90 Euro [D]
ISBN 978-3-88506-069-7

Neue Philosophien des Politischen
von Uwe Hebekus
und Jan Völker
14,90 Euro [D]
ISBN 978-3-88506-663-7

Populäre Kulturen
von Niels Penke und
Matthias Schaffrick
14,90 Euro [D]
ISBN 978-3-96060-303-0

Theorien des Populismus
von Dirk Jörke und
Veith Selk
2. Aufl., 14,90 Euro [D]
ISBN 978-3-88506-798-6

Postkoloniale Theorien
von Ina Kerner
4. Aufl., 15,90 Euro [D]
ISBN 978-3-88506-665-1

Pragmatismus
von Hans Joas,
Hans-Joachim Schubert
und Harald Wenzel
2. Aufl., 15,90 Euro [D]
ISBN 978-3-88506-682-8

Queere Theorien
von Mike Laufenberg
2. Aufl., 17,90 Euro [D]
ISBN 978-3-96060-329-0

R

Radikale Demokratietheorien
von Oliver Flügel-Martinsen
14,90 Euro [D]
ISBN 978-3-96060-314-6

John Rawls
von Wolfgang Kersting
4. Aufl., 14,90 Euro [D]
ISBN 978-3-88506-343-8

Rechtsphilosophie
von Alexander Somek
14,90 Euro [D]
ISBN 978-3-88506-809-9

Rechtstheorie
von Alexander Somek
14,90 Euro [D]
ISBN 978-3-88506-783-2

Theorien der Revolution
von Florian Grosser
2. Aufl., 14,90 Euro [D]
ISBN 978-3-88506-075-8

Rhetorik
von Melanie Möller
15,90 Euro [D]
ISBN 978-3-96060-328-3

Joachim Ritter und die Ritter-Schule
von Mark Schweda
14,90 Euro [D]
ISBN 978-3-88506-708-5

Richard Rorty
von Walter Reese-Schäfer
2. Aufl., 13,90 Euro [D]
ISBN 978-3-88506-623-1

S

Jean-Paul Sartre
von Martin Suhr
6. Aufl., 15,90 Euro [D]
ISBN 978-3-88506-711-5

Ferdinand de Saussure
von Ludwig Jäger
14,90 Euro [D]
ISBN 978-3-88506-622-4

Friedrich W.J. Schelling
von Franz Josef Wetz
2. Aufl., 16,90 Euro [D]
ISBN 978-3-88506-939-3

Carl Schmitt
von Reinhard Mehring
6. Aufl., 15,90 Euro [D]
ISBN 978-3-88506-685-9

Arthur Schopenhauer
von Volker Spierling
5. Aufl., ca. 14,90 Euro [D]
ISBN 978-3-88506-631-6

Science Fiction
von Isabella Hermann
15,90 Euro [D]
ISBN 978-3-96060-321-4

Theorien des Sehens
von Joerg Fingerhut und
Eva Schürmann
ca. 16,90 Euro [D]
ISBN 978-3-96060-348-1

Amartya Sen
von Christian Neuhäuser
13,90 Euro [D]
ISBN 978-3-88506-076-5

Theorien der Serie
von Simon Rothöhler
14,90 Euro [D]
ISBN 978-3-96060-315-3

Georg Simmel
von Werner Jung
2. Aufl., 13,90 Euro [D]
ISBN 978-3-88506-769-6

Adam Smith
von Michael Aßländer
13,90 Euro [D]
ISBN 978-3-88506-641-5

Sokrates
von Christoph Kniest
2. Aufl., 13,90 Euro [D]
ISBN 978-3-88506-356-8

Soziale Kognition
von Tobias Schlicht
16,90 Euro [D]
ISBN 978-3-88506-810-5

Soziale Marktwirtschaft und Ordoliberalismus
von Thomas Biebricher
und Ralf Ptak
15,90 Euro [D]
ISBN 978-3-96060-312-2

Theorien des Sozialstaats
von Stephan Lessenich
13,90 Euro [D]
ISBN 978-3-88506-699-6

Sozialwissenschaften
von Samuel Salzborn
13,90 Euro [D]
ISBN 978-3-88506-077-2

Baruch de Spinoza
von Helmut Seidel
3. Aufl., 13,90 Euro [D]
ISBN 978-3-88506-644-6

Sprachphilosophie
von Georg W. Bertram
4. Aufl., 15,90 Euro [D]
ISBN 978-3-88506-681-1

Theorien der Strafe
von Franziska Dübgen
14,90 Euro [D]
ISBN 978-3-88506-766-5

Leo Strauss
von Clemens Kauffmann
2. Aufl., 17,90 Euro (D)
ISBN 978-3-88506-963-8

T

Taoismus
von Florian C. Reiter
3. Aufl., 12,90 Euro [D]
ISBN 978-3-88506-386-5

Charles Taylor
von Ingeborg Breuer
2. Aufl., 15,90 Euro [D]
ISBN 978-3-88506-327-8

Technikphilosophie
von Alfred Nordmann
3. Aufl., 15,90 Euro [D]
ISBN 978-3-88506-724-5

Theater- und Tanzperformance
von Gerald Siegmund
16,90 Euro [D]
ISBN 978-3-96060-316-0

Thomas von Aquin
von Rolf Schönberger
4. Aufl., 13,90 Euro [D]
ISBN 978-3-88506-351-3

Christian Thomasius
von Peter Schröder
13,50 Euro [D]
ISBN 978-3-88506-997-3

Tierethik
von Herwig Grimm
und Markus Wild
2. Aufl., 15,90 Euro [D]
ISBN 978-3-88506-748-1

Tierphilosophie
von Markus Wild
4. Aufl., 15,90 Euro [D]
ISBN 978-3-88506-651-4

Theorien des Todes
von Petra Gehring
4. Aufl., 15,90 Euro [D]
ISBN 978-3-88506-676-7

Trans- und Posthumanismus
von Janina Loh
4. Aufl., 15,90 Euro [D]
ISBN 978-3-88506-808-2

U

Umweltethik
von Konrad Ott
3. Aufl., 15,90 Euro [D]
ISBN 978-3-88506-677-4

V

Theorien der Verfassung
von Christoph Möllers und
Sabine Müller-Mall
ca. 16,90 Euro [D]
ISBN 978-3-96060-332-0

Visuelle Kulturen/ Visual Culture
von Marius Rimmele
und Bernd Stiegler
2. Aufl., 14,90 Euro [D]
ISBN 978-3-88506-060-4

Eric Voegelin
von Michael Henkel
2. Aufl., 16,90 Euro [D]
ISBN 978-3-88506-976-8

W

Michael Walzer
von Skadi Krause
und Karsten Malowitz
13,50 Euro [D]
ISBN 978-3-88506-970-6

Max Weber
von Volker Heins
4. Aufl., 11,90 Euro [D]
ISBN 978-3-88506-390-2

Alfred North Whitehead
von Michael Hauskeller
13,50 Euro [D]
ISBN 978-3-88506-895-2

Wirtschaftsethik
von Felix Heidenreich
13,90 Euro [D]
ISBN 978-3-88506-689-7

Wirtschaftsphilosophie
von Ludger Heidbrink,
Alexander Lorch und
Verena Rauen
14,90 Euro [D]
ISBN 978-3-96060-308-5

Wissenschaftstheorie
von Martin Carrier
5. Aufl., 14,90 Euro [D]
ISBN 978-3-88506-653-8

Stand: August 2024
Der jeweils angegebene Preis ist der gebundene Ladenpreis in Deutschland. Irrtümer und Änderungen vorbehalten.

dass der Alltagsverstand die Elemente aus diesem Fundus zumeist »passiv und hinterrücks« bezieht, so findet das eine Parallele in der Art, wie auch Internet-Suchmaschinen nach wenig transparenten Selektionsmechanismen aus dem riesigen Angebot an möglichen Inhalten eine Auswahl für den einzelnen Netzbenutzer treffen. Google arbeitet nach eigenen Angaben mit »über 200 Signalen und einer Vielzahl von Techniken«, wobei eines der zentralen Kriterien für die Auswahl darin liegt, dass eine Website bereits von möglichst vielen anderen Nutzern »für gut befunden« bzw. aufgerufen worden ist.[7] Das Resultat ist also dem Alltagsverstand als »verbreitetste Lebens- und Moralaufassung« insofern ähnlich, als der Nutzer der Suchmaschine hier unversehens als »Konformist irgendeines Konformismus« in ein Massenprofil eingerückt wird, das statistische Häufigkeit mit kaum durchschauten inhaltlichen Gewichtungen kombiniert – einzelne Seiten tauchen bei Google gar nicht auf, andere beispielsweise aus kommerziellen Gründen an besonders prominenter Stelle. Aber auch die von Gramsci festgehaltene Tendenz, dass der Alltagsverstand »neuerungsfeindlich und konservativ ist« (1397), hat Google nachgebildet mit der seit 2009 wirksamen ›Personalisierung‹ der Suchfunktion. Sie arbeitet nach einem ständig ergänzten Profil, das für den jeweiligen Nutzer vorab das auswählt, was er schon weiß und kennt. Das scheinbar neutrale technische Verfahren bringt die Tendenz hervor, die Nutzer ständig in dem zu bestätigen, was sie schon wussten und sind: »In der Auswertung riesiger Datenmengen verlängern die Algorithmen das, was die Nutzer zuvor getan, gewollt, geliebt haben, in die Zukunft. [...] Die Nutzer werden zu einer endlosen Zeitschleife ihrer selbst, zu ihrem immerwährenden Status quo.« (Meckel 2013, 298)

Das Internet eignet sich zur Veranschaulichung dessen, was Gramsci unter einem bizarr zusammengesetzten Alltagsverstand fasst, vor allem deshalb, weil es die Differenz zwischen Wissen und Information augenfällig macht: Wissen als ein Handlungsfähigkeit fundierender Denkzusammenhang gegenüber Information als einer bloß additiven Anhäufung unterschiedlicher Daten. Wo aber alles schon irgendwie gesagt oder gezeigt ist, macht sich leicht Resignation und intellektuelle Lähmung breit – ein Gefühl, das sich z.B. an Schule und Universität oft einstellt, wenn man eine Arbeit schreiben soll und sich erst einmal im Internet informiert. Aber die Analogie hat auch ihre Grenzen. Indem wir dem Internet eine Lähmung bzw. Verdinglichung des Bewusstseins unterstellen – und Google als eine Kraft verstehen, die das Subjekt hinterrücks in seine Borniertheit bannt –, blenden wir auch vieles aus: Zum einen behandeln wir das Internet als bloßen Informationsspeicher und lassen die vielen Verwendungsweisen unberücksichtigt, die aus ihm z.B ein interaktives Kollektivmedium oder ein gezielt einsetzbares Instrument der Recherche machen; zum andern blenden wir hinter dem personalisierten Massenprofil der Suchmaschine den eigenwilligen Nutzer aus, der die Inhalte nicht einfach passiv übernimmt, sondern das Chaos der Datenmenge ordnet und es in ein Wissen überführt, das die Handlungsfähigkeit erweitert. Nach diesem eigenwilligen ›Nutzer‹ und seinen kritischen Interventionen fragt Gramsci aber gerade bei der Analyse des Alltagsverstands, wie die berühmte Anmerkung I aus Heft 11 zeigt, auf die wir unseren Vergleich mit der Suchmaschine vor allem gestützt haben. Nachdem er dort zunächst gezeigt hat, dass man durch eine Vielzahl übernommener Denk- und Handlungsweisen immer schon »Masse-Mensch oder Kollektiv-Mensch« ist, präzisiert er: »Die Frage ist folgende: von welchem geschichtlichen Typus ist der Konformismus, der Masse-Mensch, zu dem man gehört?« Dies wird zum Ausgangspunkt für eine bewusste Kritik der ›spontanen‹ Philosophie des Alltagsverstands:

»Die eigene Weltauffassung kritisieren heißt [...], sie einheitlich und kohärent zu machen und bis zu dem Punkt anzuheben, zu dem das fortgeschrittenste Denken der Welt gelangt ist. Es bedeutet folglich auch, die gesamte bisherige Philosophie zu kritisieren, insofern sie verfestigte Schichtungen in der Popularphilosophie hinterlassen hat. Der Anfang der kritischen Ausarbeitung ist das Bewusstsein dessen, was wirklich ist, das heißt ein ›Erkenne dich selbst‹ als Produkt des bislang abgelaufenen Geschichtsprozesses, der in einem eine Unendlichkeit von Spuren hinterlassen hat, übernommen ohne Inventarvorbehalt. Ein solches Inventar gilt es zu Anfang zu erstellen.« (6/1376)

Sich aus Fremdbestimmtheit zu befreien und selber zu einer hegemonialen Kraft zu werden, diese Aufgabe stellt sich für Gramsci schon auf der Ebene des konkreten Individuums, das in bestimmte Verhältnisse hineingeboren wird und sich seinen Weg sucht. Damit es nicht zum bewusstlosen und passiven Mitläufer einer Geschichte wird, die mit Blut und Eisen geschrieben wird, muss es sich selbst als geschichtliches Wesen erkennen, als jene »formazione storica«, als die Gramsci den Menschen in einem Brief an seine Frau Giulia darstellt (der Kontext ist hier die Erziehung der Kinder): »Ich dagegen denke – und denke dies ausschließlich –, dass der Mensch ganz und gar ein historisches Gebilde und durch Zwang geformt ist (wohlverstanden nicht nur im Sinn der brutalen, äußeren Gewalt).« (GB I, 81) Der Hinweis auf den Zwang ist besonders aufschlussreich, weil wir wissen, dass Gramsci zeitgleich mit der Niederschrift dieses Briefs am §43 des ersten Hefts arbeitete, in dem der neue Hegemoniebegriff sich erstmals abzeichnet. Auch in einem Brief an die Schwägerin greift er das Thema des ›Erkenne-dich-selbst‹ als gesellschaftlich-geschichtliches Individuum auf. Hintergrund ist diesmal die Psychoanalyse, zu der sich Giulia entschlossen hatte angesichts ihrer depressiven Erkrankung, deren komplizierte familiäre und politische Hintergründe Gramsci freilich nur ahnen konnte. Verwickelt in die »absurdesten Widersprüche und unter dem Druck der unerbittlichsten Notwendigkeit«, schreibt Gramsci, kann man sich zu einer gewissen Gelassenheit durchringen, »wenn es einem gelingt, ›historisch‹, dialektisch zu denken und die eigene Aufgabe oder vielmehr eine klar umrissene und begrenzte eigene Aufgabe mit intellektueller Nüchternheit zu ermitteln« (GB III, 224).

Durch dialektisches Denken über die lähmenden Widersprüche, Komplexe und blinden Flecken in der eigenen Person hinauszugelangen ist Teil von Gramscis umfassenderem Projekt, die eigene Weltauffassung »kritisch und kohärent« zu machen (6/1376). ›Kohärenz‹ zielt dabei nicht auf vorschnelle Harmonisierung des bizarr zusammengesetzten Subjekts, sondern darauf, es in seiner Geschichtlichkeit zu verstehen und ihm so eine bewusste und aktive gesellschaftliche Rolle zu ermöglichen. Sich auf Giulias psychische Krise beziehend, spricht Gramsci auch davon, man könne und müsse sogar »für diese Art psychischer Erkrankungen ›sein eigener Arzt‹ sein« (ebd.).[8]

2.3 Der Mensch als »geschichtlicher Block«

Als der Zwanzigjährige 1911 Sardinien verlässt und in Turin sein Studium aufnimmt, ist er auf ein karges Stipendium und die aufopfernden Zuwendungen der Familie angewiesen. Die Minderwertigkeitskomplexe des mittellosen Provinzlers, die sich in grimmigem Regionalstolz niederschlagen, von Kränkungen herrührende Ressentiments gegen die Reichen und ein unerbittliches Pflichtgefühl treiben den Studenten in eine gefährliche Isolation. Von vielerlei Ängsten geplagt, wagt er sich zeitweise kaum mehr auf die Straße. An die Schwester zu Hause schreibt er: »Vielleicht habe ich in den letzten zwei Jahren nie gelacht, aber auch nie geweint. Ich habe versucht, meine körperliche Schwäche durch Arbeit zu überwinden«; und an die Eltern, nun bereits im Rückblick auf eine als unhaltbar erkannte Situation: »Ein paar Jahre lang habe ich außerhalb der Welt gelebt – wie in einem Traum. Ich habe zugelassen, dass meine Verbindungen mit der Welt und den Menschen nach und nach abrissen. Ich habe nur durch den Kopf gelebt und nicht durch das Herz.« (zit.n. Fiori 1979, 90 f.)

Aus dieser bedrohlichen Enge befreit sich Gramsci, indem er die auseinanderstrebenden Elemente seiner Weltauffassung aus ihrer beschränkten Form entbindet und ihnen eine bewusste geschichtliche Richtung verleiht. »Der Sozialismus war der Ausweg aus seiner Krise, die Lösung aller Probleme, die ihn so lange gequält hatten, auch der persönlichen.« (Fiori 1979, 91) Im Jahr 1914 schrieb Gramsci seinen ersten Artikel im *Grido del Popolo* und nahm damit eine vielfältige journalistische Tätigkeit auf. Er überwand nach und nach die Einsamkeit und den Intellektualismus, hielt Vorträge und nahm an Diskussionen mit Arbeiterinnen und Arbeitern teil. Möglich war das, weil Gramsci im Sozialismus nicht eine Heilsbotschaft sah, sondern ein offenes geschichtliches Projekt, worin sich Entprovinzialisierung, Empörung und Disziplin in kreative Ressourcen verwandelten. Gramsci wurde zum Sozialisten, »ohne seine eigene Vergangenheit zu verleugnen«, wie Fiori schreibt. »Als Sozialist fand er neue Antworten auf die Fragen, die sich ihm während des Lebens in Sardinien gestellt hatten; aber als Sarde weigerte er sich, die Bauernfrage von der Frage der sozialistischen Revolution zu trennen.« (1979, 86) Diese Sensibilität für Probleme ungleicher Entwicklung hat Gramsci auch in den Reihen der Turiner Arbeiterbewegung beibehalten. Durch Lenin und die Oktoberrevolution wurde schon bald ein neuer Anlauf nötig, die eigene Weltauffassung »bis zu dem Punkt anzuheben, zu dem das fortgeschrittenste

Denken der Welt gelangt ist« (6/1376). Gramsci betrat die internationale Bühne: »Und so wie dieser ›drei- oder vierfache Provinzler‹ einst versucht hatte, den nationalen Gedanken zu erfassen, ohne sein sardisches Erbe zu verleugnen, so lag die Originalität des italienischen Politikers jetzt darin, sich den europäischen Gedanken und den Gedanken der leninistischen Revolution anzueignen, ohne dabei die besondere Realität seines eigenen Landes aus den Augen zu lassen.« (Fiori 1979, 106)

Ein ähnlich tiefer Einschnitt wie das sozialistische Projekt ist in der Entwicklung von Gramscis Persönlichkeit vielleicht nur noch die Begegnung mit Giulia Schucht. Wiederum befindet er sich in einer tiefen gesundheitlichen Krise. Im vor den Toren Moskaus gelegenen Sanatorium Serebranyi Bor (›Silberwald‹) lernt er Giulia im September 1922 kennen. Die Liebe wird für ihn zu einer Erfahrung, die abermals alle Koordinaten verrückt. »Aber wie viele Male habe ich mich gefragt«, schreibt er an Giulia am 6. März 1924 aus Wien, »ob es möglich sei, eine Gemeinschaft zu lieben, wenn man nie einzelne menschliche Wesen tief geliebt hat. Würde das nicht Auswirkungen auf mein politisches Leben haben, würde das nicht meine Fähigkeiten als Revolutionär steril machen und auf eine rein intellektuelle Sache [...] reduzieren?« (Briefe, 175 f.)

Die geschilderten Krisensituationen bedeuten für Gramsci Momente eines fortgesetzten Sich-Herausarbeitens aus beengenden Identitäten. Dieser Vorgang hat für ihn hegemoniale Bedeutung. In den *Gefängnisheften* heißt es dazu:

»Der Mensch ist zu begreifen als ein geschichtlicher Block von rein individuellen, subjektiven Elementen und von massenhaften, objektiven oder materiellen Elementen, zu denen das Individuum eine tätige Beziehung unterhält. Die Außenwelt, die allgemeinen Verhältnisse zu ändern, heißt sich selbst zu potenzieren, sich selbst zu entwickeln. Dass die ethische ›Verbesserung‹ bloß individuell sei, ist eine Illusion und ein Irrtum: die Synthese der Bestandteile der Individualität ist ›individuell‹, doch verwirklicht und entwickelt sie sich nicht ohne eine Tätigkeit nach außen, die äußeren Verhältnisse verändernd, beginnend bei denen zur Natur bis hin zu denen zu den anderen Menschen, in unterschiedlichem Grad in den verschiedenen gesellschaftlichen Kreisen, in denen man lebt, bis zum weitesten Verhältnis, das die gesamte menschliche Gattung umfasst.« (6/1341 f.)

2.4 Gesunder Menschenverstand

Was Gramsci dem Individuum zumutet – dass es die passiven Schichten seines Alltagsverstands kritisiert und sich am fortgeschrittensten Denken der Welt ausrichtet –, gilt ebenso für sein politisch-wissenschaftliches Projekt der Erneuerung des Alltagsverstands. Aber auf welchem Weg können die ›subalternen Gruppen‹ sich aus dem lähmenden Durcheinander ihres Alltagsverstands befreien? Aufmerksam spürt Gramsci die Ansätze kritischer Reflexion in alltäglichen Situationen und Redewendungen auf, z.B. indem er beobachtet, wie einfache Leute mit der überlegenen Artikuliertheit und rhetorischen Brillanz von Intellektuellen umgehen: »die Bauern, die lange über die Äußerungen nachgrübeln, die sie beim Vortrag gehört haben und durch deren Glanz sie momentan beeindruckt sind, entdecken schließlich mit dem gesunden Menschenverstand, welcher nach der durch die hinreißenden Worte verursachten Erregung wieder die Oberhand gewonnen hat, deren Schwächen und Oberflächlichkeit und werden daher misstrauisch aus Prinzip« (8/1839). Zwar mag das Beharren »aus Prinzip« die Borniertheit des Alltagsverstands zunächst bestärken (vgl. dazu 6/1389), aber im »gesunden Menschenverstand« – italienisch »buon senso« – entdeckt Gramsci auch einen Keim kritischer Reflexion, der jener »Dosis von ›Experimentiergeist‹ und unmittelbarer Realitätsbeobachtung« (6/1338) zuarbeitet, die schon die bürgerliche Aufklärung im Alltagsverstand freigelegt hatte. Diesen Keim legt er auch in anderen Situationen frei, etwa indem er sich fragt, was die einfachen Leute meinen, wenn sie »die Dinge philosophisch nehmen« (»prendere le cose con filosofia«; 6/1379): Zwar ist darin »eine implizite Einladung zu Resignation und Geduld enthalten«, aber wichtiger ist für Gramsci die ebenfalls darin enthaltene Erwägung, »dass das, was geschieht, im Grunde rational ist und dass man ihm als solchem begegnen muss, indem man die eigenen rationalen Kräfte konzentriert und sich nicht von instinktiven und heftigen Impulsen hinreißen lässt«. Würde man untersuchen, wie im Volk bzw. bei populären Schriftstellern die Begriffe ›Philosophie‹ und ›philosophisch‹ verwendet werden, stieße man Gramsci zufolge unweigerlich auf folgende Bedeutung: die »Überwindung der tierischen und elementaren Leidenschaften in einer Auffassung der Notwendigkeit, die dem eigenen Handeln eine bewusste Richtung gibt«. Darin liegt »der gesunde Kern des Alltagsverstands, das, was eben gesunder Menschenverstand genannt werden könnte und das es verdient, entwickelt und einheitlich und kohärent gemacht zu werden«. Die Stelle macht auch deutlich, dass Alltagsverstand und Philosophie sich nicht als unverrückbare Gegensätze gegenüberstehen, ja dass es im Grunde »nicht möglich ist, das, was sich ›wissenschaftliche‹ Philosophie nennt, von der ›vulgären‹ und popularen Philosophie abzukoppeln« (1379).

Fassen wir zusammen: Gesunder Menschenverstand oder »buon senso« nennen wir den Anteil kritischer Reflexion, der im Alltagsverstand nur gelegentlich aufscheint. Er steht für die wie auch immer schwache Orientierung auf Rationalität und Zusammenhang (Gramsci spricht meist von ›Kohärenz‹), die dem Alltagsverstand als der unzusammenhängenden »›Folklore‹ der Philosophie« eine neue Richtung geben kann, wenn sie gestärkt und entwickelt wird. In dieser kritischen Funktion trifft er sich mit der Philosophie, denn diese ist »die Kritik sowie die Überwindung der Religion und des Alltagsverstands und fällt in diesem Sinn mit dem ›gesunden Menschenverstand‹ zusammen, der sich dem Alltagsverstand entgegensetzt« (1377).

2.5 Widersprüchliches Denken oder Denken der Widersprüche?

Bei der Einführung des Begriffs Alltagsverstand wurde schon darauf hingewiesen, dass Gramsci ihn immer wieder mit ›Religion‹ oder ›Philosophie‹ in Bezug setzt, ohne die Trennlinie streng zu fixieren. Die Begriffe bezeichnen eher Positionen in einem Feld, dessen Grenzen als veränderlich gedacht werden, und bis zu einem gewissen Grad sind sie auch ineinander übersetzbar – Gramsci spricht etwa vom ›Alltagsverstand‹ gelegentlich auch als ›Philosophie der Nicht-Philosophen‹. Ähnliche Fragen begrifflicher Abgrenzung tauchen zwischen Alltagsverstand und gesundem Menschenverstand auf, sodass man darin »einen Widerspruch in Gramscis Aufzeichnungen« (Opratko 2012, 45) gesehen hat: Wird der gesunde Menschenverstand einmal dem Alltagsverstand »als sein Gegenteil« gegenübergestellt (nämlich als Überwindung von Religion und Alltagsverstand), so tritt er wenig später als »der gesunde Kern des Alltagsverstands« auf. Wie kann er aber Kern und Gegenteil in einem sein? »Hier handelt es sich um eine veritable Antinomie, die keiner einfachen Auflösung unter Verweis auf die Formulierungen in den Gefängnisheften zugeführt werden kann.« (46) Schauen wir genauer hin. »Der Alltagsverstand ist eine chaotische Ansammlung disparater Auffassungen, und in ihm lässt sich alles finden, was man will«, schreibt Gramsci (6/1396). Aber wenn sich alles darin finden lässt, so doch gewiss auch kritische Ansätze? Wir haben gesehen, wie minutiös Gramsci solche Momente genauer Reflexion herauspräpariert. Diese kritische Potenz, die er – wenngleich immer nur splitterhaft und ansatzweise – auch tatsächlich findet, ist ihm so wichtig, dass er sie mit einem eigenen Namen belegt: Sie ist »das, was eben gesunder Menschenverstand genannt werden könnte«. Damit fasst Gramsci also etwas, das Teil des chaotischen Alltagsverstands ist und zugleich dessen potenzielles Gegenteil in sich trägt, wenngleich keimhaft. Dieser Keim oder Kern im Alltagsverstand ist das, was es »verdient, entwickelt und einheitlich und kohärent gemacht zu werden« (1379). Der gesunde Menschenverstand bezeichnet also den Punkt, von dem aus die Widersprüchlichkeit des Alltagsverstands kohärent gemacht und seine Passivität in die Aktivität geschichtlichen Handelns überführt werden kann. Diesen dialektischen Kipp-Punkt zu finden und für Befreiungshandeln zu nutzen ist das eigentliche Ziel von Gramscis Begriffsarbeit. Reißt man die beiden Momente des dialektischen Zusammenhangs Alltagsverstand/gesunder Menschenverstand auseinander und zerlegt sie in getrennte Bereiche, verfehlt man dieses Ziel. Wir haben es hier also nicht mit einem zu eliminierenden Widerspruch in Gramscis Denken zu tun, sondern mit dialektischem Denken, das im Vorhandenen das Mögliche aufspürt.

Ähnlich glaubte schon Perry Anderson in seiner Pionierarbeit der internationalen Gramsci-Rezeption, »Antinomien« in der Verwendung des Hegemoniebegriffs zu erkennen, etwa wenn Hegemonie sowohl als »Gegenpol zum ›Zwang‹« wie auch als »Synthese aus Konsens und Zwang« (1979, 31) auftritt.[9] Was Gramsci entwickeln will, ist in erster Linie die »Doppelperspektive« (7/1553). »Hegemonie« kann dabei das dialektische Verhältnis ebenso bezeichnen wie ein Moment desselben. Entscheidend ist, dass die Doppelperspektive jeweils am konkreten Material und unter dem Aspekt einer bestimmten Fragestellung entwickelt wird. Wir wissen nicht, wie Gramsci den Begriff gefasst hätte, wäre es ihm möglich gewesen, ihn unter anderen Umständen, z.B. in einem zur Veröffentlichung bestimmten Buch auszuarbeiten. Aber deutlich verwahrt er sich in den *Gefängnisheften* dagegen, dass man »die Theorie der ›Doppelperspektive‹ auf etwas Beschränktes, Banales reduziert«, anstatt sie als »dialektisches Verhältnis« aufzufassen.[10] Dialektisches Denken wird sich nie auf ein schon vorliegendes theoretisches Werkzeug verlassen können, sondern seine Begriffe müssen immer neu am Material überprüft bzw. mit ihm weiterentwickelt werden. Dialektik ist also keine fertige Methode und kein »Nussknacker«, mit dem man alle Phänomene einfach aufschließen könnte; sondern es müssen »die beiden Momente, sowohl das der Ihnen zukommenden Erfahrung wie das der Theorie« – so hat Adorno den Sachverhalt seinen Studierenden einmal dargelegt – in einem »offenen, ungedeckten Prozess sich gegenseitig aneinander abarbeiten und modifizieren, ohne dass das eine dem andern verdinglicht und selbständig würde« (1960/2011, 211).

2.6 Philosophie und Alltagsverstand

Philosophie der Praxis »ist Kritik des ›Alltagsverstands‹ (nachdem sie sich auf den Alltagsverstand gestützt hat, um zu zeigen, dass ›Alle‹ Philosophen sind und dass es nicht darum geht, ex novo eine Wissenschaft ins Individualleben ›Aller‹ einzuführen, sondern eine bereits bestehende Tätigkeit zu erneuern und ›kritisch‹ zu machen)« (6/1382). Sie knüpft beim gesunden Menschenverstand an, jener Dosis Experimentiergeist und Mobilisierung der rationalen Kräfte, die sich im Alltagsverstand mit der Vorstellung von Philosophie verbinden, um aus der ›Folklore der Philosophie‹ eine lebendige Kritik des alltäglichen Lebens zu machen. Ziel ist es, »eine Philosophie auszuarbeiten, die, indem sie bereits eine Verbreitung oder eine Verbreitungstendenz besitzt, weil sie mit dem praktischen Leben verbunden und ihm implizit ist, zu einem erneuerten Alltagsverstand wird, mit der Kohärenz und der Kraft der individuellen Philosophien« (ebd.). In welchem Verhältnis steht dieser erneuerte Alltagsverstand zur traditionellen Philosophie?

Gramsci kritisiert die traditionelle akademische Philosophie insofern, als sie Bestandteil der »Weltauffassungen der Intellektuellen und der hohen Kultur« bleibt. Sie bildet ein »Element von zusammenhaltender Kraft der führenden Klassen«, während sie für die davon Ausgeschlossenen bloß ein »Element der Unterordnung unter eine äußere Hegemonie« darstellt und »das originale Denken der Volksmassen negativ begrenzt, ohne es als vitales Ferment der inneren Transformation dessen, was die Massen embryonal und chaotisch über die Welt und das Leben denken, positiv zu beeinflussen« (1394). Gleichwohl schüttet er das Kind nicht mit dem Bade aus. Den Anspruch auf genaues Denken und eine kohärente Ausarbeitung einzelner Fragen und Probleme gibt er keineswegs preis, denn »wenn die Philosophie sich entwickelt, weil die allgemeine Weltgeschichte sich entwickelt (und das heißt die gesellschaftlichen Verhältnisse, in denen die Menschen leben), und nicht schon deshalb, weil auf einen großen Philosophen ein noch größerer Philosoph nachfolgt und so weiter, dann ist klar, dass in der praktischen Arbeit des Geschichtemachens auch ›implizite‹ Philosophie gemacht wird, die ›explizit‹ sein wird, insofern Philosophen sie kohärent ausarbeiten« (1285). Diese letzte Einschränkung ist wichtig: eben nur, soweit Philosophen sie auch ausarbeiten. Geschichte bzw. Philosophie in ihrer expliziten und kohärenten Form ergibt sich nicht schon aus dem Material, sondern sie muss konkret und »mit der Kohärenz und der Kraft der individuellen Philosophien« (1382) ausgearbeitet werden. Es mögen zwar alle an der Hervorbringung von Geschichte und Philosophie beteiligt sein – sei es als aktive Kraft oder passives Gewicht –, explizit und kohärent ausgearbeitet wird aber die Sichtweise der hegemonialen Gruppen. Als Kulturwissenschaftler, Politikerinnen oder Philosophen werden wir also damit rechnen müssen, dass sich der »Entwicklungsprozess der allgemeinen Kultur [...] nur teilweise in der Philosophiegeschichte widerspiegelt«; auch lässt sich eine vollständige »Geschichte des Alltagsverstands [...] wegen des Fehlens dokumentarischen Materials unmöglich erstellen« (ebd.).

Was heißt das aber nun für die Philosophie der Praxis, die doch die Sicht bisher subalterner Gruppen explizit machen will? Ihre Aufgabe ist es, »die gesellschaftlichen Verhältnisse, in denen die Menschen leben«, aus der naiven und widersprüchlichen Form des popularen Alltagsverstands in eine kritische und kohärente Sprache der Theorie zu übersetzen, in der die »praktischen Akteure der geschichtlichen Umgestaltung« sich ihrer Handlungsfähigkeit und Verantwortung überhaupt erst bewusst werden können. Denn der Masse-Mensch, der tätig im Leben steht, hat deswegen nicht auch schon ein »klares theoretisches Bewusstsein dieses seines Wirkens« (1384). Vielmehr kommt es in ein und derselben Person zur »Koexistenz zweier Weltauffassungen, einer mit Worten behaupteten und der andern, die sich im effektiven Handeln ausdrückt« (1378). Das implizite und das explizite Bewusstsein können weit auseinanderklaffen und sogar in Widerspruch zueinander treten, sodass ein »Zustand moralischer und politischer Passivität« (1384) entsteht. Worin liegt der Grund für dieses Auseinanderklaffen? Für Gramsci ist es »eine offensichtliche Beobachtung, dass die Welt der Ideologien (in ihrer Gesamtheit) weiter zurückgeblieben ist als die technischen Produktionsverhältnisse« (1486). Wer also das Auseinanderfallen des Alltagsverstands analysieren will, wird die Produktionsweise berücksichtigen müssen – nicht weil alles ökonomisch determiniert wäre, sondern weil in modernen kapitalistischen Gesellschaften zwischen den vorwärtsdrängenden Produktivkräften und der Welt der Ideologien eine Verwerfungslinie verläuft, welche die Probleme und Aufgaben der Politik und der Kultur immer neu aufwirft. Kohärenz zwischen Theorie und Praxis ist »keine mechanische Gegebenheit, sondern ein geschichtliches Werden, dessen elementare und primitive Phase im Gespür für ›Unterscheidung‹, ›Loslösung‹, gerade erst instinktive Unabhängigkeit besteht, und das bis zum wirklichen und vollständigen Besitz einer kohärenten und einheitlichen Weltauffassung fortschreitet« (1384). Dabei wird deutlich, weshalb für Gramsci die »Entfaltung des Hegemoniebegriffs außer einem praktisch-politischen einen großen philosophischen Fortschritt darstellt«: weil er nämlich »eine intellektuelle Einheit mitumfasst und unterstellt, und eine Ethik, die einer Auffassung des Wirklichen entspricht, die den Alltagsverstand aufgehoben hat und, sei es auch noch innerhalb enger Grenzen, kritisch geworden ist« (ebd.).

2.7 An den Alltagsverstand anknüpfen – aber wie?

Die Philosophie der Praxis verhält sich »antithetisch« zur Position der katholischen Kirche nicht einfach schon deshalb, weil sie eine atheistische Weltauffassung verträte, sondern weil die Kirche danach strebt, »die ›Einfachen‹ in ihrer primitiven Philosophie des Alltagsverstands zu belassen« (6/1383). Mit derselben Schärfe wendet Gramsci sich auch gegen den Populismus von links. Schritt für Schritt unterzieht er Nikolai Bucharins *Gemein-*

verständliches Lehrbuch der marxistischen Soziologie[11] der Kritik. Da es sich an ein (im akademischen Sinn) philosophisch ungebildetes Publikum wendet – Bucharin schreibt im Vorwort, das Buch sei »vor allem für Arbeiter geschrieben, die marxistisches Wissen suchen« (Hamburg 1922, V) –, hätte es »von der Kritik des Alltagsverstands« ausgehen müssen statt von philosophischen Systemen, die den Lesenden gar nicht bekannt seien; zudem tappe Bucharin immer wieder in die Falle, die unkritischen Elemente zu bekräftigen, »durch die der Alltagsverstand noch ptolemäisch, anthropomorph, anthropozentrisch geblieben ist, statt sie wissenschaftlich zu kritisieren« (6/1395).

Schauen wir uns das am Material an. Bucharin macht sich von einem vermeintlich überlegenen materialistischen Standpunkt darüber lustig, dass für die bürgerlich-idealistische Philosophie die ›objektive Realität‹ überhaupt zum Problem wird. Ist die Frage, ob es eine objektive Realität gibt, nicht einfach lächerlich? Dagegen erinnert Gramsci daran, dass »die idealistischen Theorien« – als Beispiel nennt er den englischen Erzbischof George Berkeley (1685-1753), der eine vom Wahrnehmen und Denken unabhängige Außenwelt für unmöglich ansah – »der größte Versuch einer moralischen und intellektuellen Reform« waren, »der sich in der Geschichte ereignet hat, um die Religion aus dem Bereich der Zivilität hinauszudrängen« (5/1068). Wenn Bucharin für sein populares Publikum das Problem als absurde Verirrung abtut, so hat er zwar die Lacher auf seiner Seite, aber – fragt Gramsci – worauf gründet sich diese scheinbare Überlegenheit? »Das Publikum ›glaubt‹, die Außenwelt sei objektiv real«, tatsächlich ist dieser Glaube jedoch »religiöser Herkunft, auch wenn derjenige, der ihn teilt, religiös gleichgültig ist.« (1408) Hier zeigt sich, wie die Religion den unkritisch belassenen Alltagsverstand auch dann noch besetzt hält, wenn sie als Religion zurückgedrängt worden ist: »Da alle Religionen gelehrt haben und lehren, dass die Welt, die Natur, das Universum von Gott vor der Erschaffung des Menschen geschaffen worden ist und folglich der Mensch die Welt bereits fix und fertig vorgefunden hat, ein für alle Male katalogisiert und definiert, ist dieser Glaube zu einem ehernen Faktum des ›Alltagsverstandes‹ geworden.« (6/1408) Den unkritischen Alltagsverstand zu bestärken und für die eigenen Zwecke auszunutzen hat nach Gramsci »eine eher ›reaktionäre‹ Bedeutung, eine der impliziten Rückkehr zum religiösen Empfinden« (1408).

Ähnlich kritisiert er die Abwesenheit der Dialektik im *Gemeinverständlichen Lehrbuch*. Einen der Gründe dafür sieht er darin, »dass die Dialektik eine sehr beschwerliche und schwierige Sache ist, insofern dialektisch zu denken gegen den gewöhnlichen Alltagsverstand geht, der die formale Logik als Ausdruck hat und dogmatisch ist und nach endgültigen Gewissheiten verlangt« (4/884). Wenn Bucharin es versäumt, die Dialektik darzustellen, so heißt das, »er kapituliert in Wirklichkeit vor dem Alltagsverstand und vor dem gewöhnlichen Denken, weil er sich das Problem nicht in den genauen theoretischen Termini gestellt hat und folglich praktisch entwaffnet und ohnmächtig ist« (ebd.).

Vom Alltagsverstand auszugehen heißt nicht, sich populistisch auf ihn zu berufen. Mit Bucharins *Lehrbuch* analysiert Gramsci einen Populismus seiner Zeit, der den Menschen nach dem Mund redet und sie gerade damit in subalternen Überzeugungen festhält. Das erhält heute neue Aktualität etwa durch die Tendenz, gesellschaftliche Fragen als statistische Größen zu behandeln und Entscheidungen zu ersetzen durch ›Marktmechanismen‹, ›Konsumentenwillen‹, ›Publikumsgeschmack‹ oder ›Einschaltquoten‹, die sich als scheinbar naturwüchsige und unantastbare, weil objektiv-statistische Größen darstellen. Die Ausweitung der Statistik in die politische Willensbildung unterstellt, dass »die großen Massen der Bevölkerung wesentlich passiv bleiben«, während doch

»die politische Handlung gerade darauf gerichtet ist, die großen Massen aus ihrer Passivität hervortreten zu lassen« (6/1423 f.). Hier wird deutlich, weshalb es für Gramsci unabdingbar ist, sich jedes Problem »in den genauen theoretischen Termini« zu stellen. Würde man beispielsweise die politische Forderung nach ›ökologischeren‹ oder ›sozialeren‹ Produkten bloß mit Verweis auf den ›Konsumentenwillen‹ begründen, hätte man damit auch bereits kapituliert vor jener Logik, in die man eigentlich eingreifen möchte. Statt die Verhältnisse zu verändern, würde dadurch im Gegenteil die Einbindung des Alltagsverstands in ein marktradikales Modell zementiert. Die ›genauen theoretischen Termini‹ zu entwickeln kann also auch heißen, begriffliche Verschiebungen vorzunehmen, um aus lähmenden Konstellationen herauszufinden. Gramsci stellt sich diesen schwierigen und langwierigen Prozess als Verbindung bzw. ›Block‹ zwischen Intellektuellen und ›Einfachen‹ vor. Ohne die Ausbildung eigener ›Intellektueller‹ kann kein erneuerter Alltagsverstand mit der Kohärenz und Kraft einer ausgearbeiteten Philosophie entstehen; aber nur im Kontakt mit den ›Einfachen‹ »wird eine Philosophie ›geschichtlich‹, reinigt sie sich von den intellektualistischen Elementen und wird Leben« (1381). Mit diesem Block bzw. der Frage, was genau Gramsci unter ›Intellektuellen‹ versteht, werden wir uns also im nächsten Kapitel zu beschäftigen haben.

3. »Alle Menschen sind Intellektuelle« – Heraustreten aus der Subalternität

Gelehrte, Denkerinnen, Kopfarbeiter – es gibt viele Ausdrücke, um »die Intellektuellen« als eine homogene Gruppe zu fassen, zu der man nur gehören kann, wenn man besonders intelligent ist. Was »Intelligenz« ist und ob man sie gar durch bestimmte Testverfahren feststellen kann, ist indes umstritten. Übereinstimmung besteht nur darin, dass sie vornehmlich im Kopf vorkommt, nicht in den Händen. Dass die Handarbeiter weniger intelligent sind, schwerer von Begriff, plumper im Umgang, scheint die natürliche Mitgift eines individuellen Defizits. Der Intellekt wiederum, das lateinische Wort für Verstand, müsste bei den Kopfarbeitern besonders ausgeprägt sein. Dass sie nicht selten unverständlich reden, sich den »Ungebildeten« nicht verständlich machen können, es ihnen also an Verstand mangelt, verweist darauf, dass die gesellschaftliche Arbeitsteilung nicht nur den Handarbeiter an eine spezifische Funktion bindet, sondern auch den Kopfarbeiter. Indem sie sich spezialisieren, müssen einige ihrer Fertigkeiten verkümmern. Die Kluft, die die Arbeitsteilung zwischen den Menschen aufgerissen und sie in der Folge zu Klassen konstituiert hat, lässt sich nicht ohne Weiteres zum Verschwinden bringen. Wenn man kein Mittel hat, um die Klassenspaltung zu überwinden, muss man lernen, mit ihren sozialen Folgen umzugehen. Die Methode, die sich geschichtlich durchgesetzt hat, ist die Aufrichtung gesellschaftlicher Herrschaft, die die Gegensätze, die in der Trennung von leitenden und ausführenden Tätigkeiten stecken und durch die Geschlechterverhältnisse überdeterminiert sind, in eine stabile Anordnung bringt. Betriebsleiter und Arbeiterin, Gutsfrau und Knecht, Architektin und Maurer arbeiten dann friedlich zusammen, jeder auf dem ihm zukommenden Platz; die einen »oben«, die anderen »unten«. Es scheint dies die beste aller möglichen Welten. Angesichts der Natürlichkeit, die diese Ordnung der Dinge über die Jahrtausende angenommen hat, wird die revolutionäre Schlichtheit von Gramscis Feststellung deutlich: »Alle Menschen sind Intellektuelle [...], aber nicht alle Menschen haben in der Gesellschaft die Funktion von Intellektuellen.« (7/1500)

Mit der Französischen Revolution, von Kant als ein »Geschichtszeichen« (W 11, 357), von Hegel als ein »herrlicher Sonnenaufgang« begrüßt, den »alle denkenden Wesen [...] mitgefeiert« haben (W 12, 529), ändert sich alles. Die Ständegesellschaft, in der die Menschen von Geburt an in ein scheinbar natürliches Verhältnis zueinander gebracht waren – das Kind der Adligen wird adlig, das der Bauern wird Bauer bzw. Bäuerin –, ist abgeschafft; welche Position einer oder eine in der Gesellschaft einnimmt, steht nicht mehr von vornherein, qua Geburt fest. So taucht ein neues Erkenntnisobjekt auf: »die Gesellschaft«. Wo alles unsicher geworden ist, wollen die Konservativen zurück zu einem absoluten Wahrheitsbegriff und wissen doch, dass selbst die Religion zu einer »affaire de politique« geworden ist, wie der französische Vordenker der Restauration und Politiker Louis de Bonald erkennen muss (vgl. Rademacher 1993, 63), der ihr durch einen »Partisanenkrieg« (65) Anerkennung verschaffen will. Alles Sein, auch das gesellschaftliche, ist ein Gewordensein. Wie diesem Werden auf die Sprünge geholfen werden kann, dafür interessieren sich die Konservativen wie die Liberalen, die Monarchisten wie die Republikaner. Gramsci spricht daher vom »grundlegend ›liberalen‹ Charakter« der Restauration (4/842 f.), die, was sie verspricht – nämlich die alten Verhältnisse wiederherzustellen –, nicht halten kann. Auch wer zurück zum Alten will, braucht Bündnispartner und muss Zugeständnisse machen, um sich als eine »Partei« neben anderen »besser zu behaupten« (842). Das gilt selbst für die katholische Kirche, die jetzt die Katholische Aktion als die »Partei der Kirche« hervorbringt (843). So entsteht, lange bevor Politik sich professionalisiert und sich im parlamentarischen Spiel ihren modernen Ausdruck schafft, das Terrain, auf dem »der Intellektuelle« als Organisator von Überzeugungen und Zusammenhalt seine moderne Funktion bekommt. Wer einen Streik organisiert oder umgekehrt dafür sorgt, dass dieser nicht stattfindet, betätigt sich ›intellektuell‹, nämlich organisierend-eingreifend. Ob dabei ›intelligent‹ vorgegangen wird, entscheidet sich erst am langfristigen Erfolg, nicht an einer den Einzelnen unabhängig von solchem Denken und Handeln innewohnenden Qualität des Verstandes.

Das Wort »Intellektuelle« kommt aus dem Französischen – »les intellectuels«. Zum Begriff, mit dem sich ein spezifischer Zugriff auf die gesellschaftlichen Verhältnisse verbindet, wird es gegen Ende des 19. Jahrhunderts in der Dreyfus-Affäre, die ein Lehrstück in kultureller Hegemonie ist. Zum Auslöser wird ein Artikel Émile Zolas, eines führenden Schriftstellers der Zeit, unter der Überschrift »J'accuse« (»Ich klage an«, nämlich den Militarismus und Antisemitismus, dessen Opfer der jüdische Hauptmann Alfred Dreyfus geworden ist). Was ursprünglich nur individuelle Betroffenheit einiger Literaten ist, die ihrer Empörung über einen Justizirrtum Ausdruck geben, gewinnt die Dimensionen einer regelrechten sozialen Bewegung, an der sich die Geister scheiden. Wo die überkommenen Institutionen versagen – Politik, Justiz, Armee und Kirche –, kristallisiert sich eine Bewegung, die im Namen von »Gerechtigkeit« und »Wahrheit« auftritt. »Les intellectuels«, zunächst von den Gegnern Zolas als Schimpfwort in Umlauf gebracht, wird zum Ehrennamen all derer umfunktioniert, die ihre Stimme gegen Ungerechtigkeit jeder Art erheben. Dass die so zu verstehenden Intellektuellen keiner bestimmten Berufsgruppe zuzuordnen sind, lässt sich dem 1898 verbreiteten *Manifest der Intellektuellen* entnehmen, das die Revision des Prozesses gegen Dreyfus fordert; hier tauchen neben den Literaten und Professoren auch Köche, Drucker, Geschäftsreisende oder Facharbeiter auf, darunter keine Frauen. Was sie zusammenschließt, ist der Versuch, einen alternativen kollektiven Willen zu schaffen, der den herrschenden Machtblock herausfordert.

Es ist, als hätte sich Gramsci von diesem Vorgang inspirieren lassen: Die Intellektuellen sind keine besondere Berufsgruppe oder gar nur große Geisteshelden; sie treten hervor, indem sie organisierend tätig werden. Daher sagt Gramsci: Es gibt keine »Organisation ohne Intellektuelle« (6/1385) – nicht nur in dem Sinne, dass bestimmte Organisationen wie die katholische Kirche, eine Partei, ein Unternehmerverband oder eine soziale Bewegung auf die Tätigkeit ihrer Intellektuellen angewiesen sind, sondern grundlegender: »Kritisches Selbstbewusstsein bedeutet geschichtlich und politisch Schaffung einer Elite von Intellektuellen: eine menschliche Masse ›unterscheidet‹ sich nicht und wird nicht ›per se‹ unabhängig, ohne sich (im weiten Sinn) zu organisieren.« (Ebd.) Daher »keine Organisation ohne Intellektuelle«, d.h. ohne dass die »Masse«, die auf dem Weg ist, sich einen bestimmten Standpunkt zu erarbeiten und sich von anderen zu »unterscheiden« (in dem starken Sinn, dass ein zu den herrschenden Konformismen alternatives Projekt verfolgt wird), ihre eigenen Intellektuellen hervorbringt. Indem sie sie hervorbringt, schafft sie Ausgangspunkte, um sich aus Abhängigkeit und Subalternität herauszuarbeiten. Auch das eigene Ich, das in seiner

Wirklichkeit kein Individuum (im Wortsinn ein Unteilbares) ist, sondern eine, wie Brecht sagt, »kampfdurchtobte Vielheit« (GA 22.2, 691), verlangt nach kritischer Organisation. Fehlt diese, hat es zwar teil an einer Weltauffassung, »die mechanisch von der äußeren Umgebung ›auferlegt‹ ist« – aber, so fragt Gramsci, wäre es nicht vorzuziehen, »die eigene Weltauffassung bewusst und kritisch auszuarbeiten und folglich, im Zusammenhang mit dieser Anstrengung des eigenen Gehirns, die eigene Tätigkeitssphäre zu wählen, an der Hervorbringung der Weltgeschichte aktiv teilzunehmen, Führer seiner selbst zu sein und sich nicht einfach passiv und hinterrücks der eigenen Persönlichkeit von außen den Stempel aufdrücken zu lassen?« (6/1375) Spontan bewegt es sich in den in der Sprache sedimentierten Auffassungen, in Meinungen, über die nicht »ich« verfüge, sondern die »über mich« verfügen. Es kommt darauf an, solche Unmündigkeit zu überwinden. Die Autonomie des Einzelnen ist auf die »Anstrengung des eigenen Gehirns« angewiesen. Doch nur Münchhausen kann sich am eigenen Schopf aus dem Sumpf ziehen. Für die gewöhnlichen Sterblichen gilt, dass ihre Autonomie gesellschaftlich vermittelt ist: Dass man nicht zum »Masse-Menschen« gehört, kann sich nur einbilden, wer den bürgerlichen Individualismus, der uns den Spiegel der Einzigartigkeit vorhält, nicht durchschaut. Für Gramsci ist die entscheidende Frage, »von welchem geschichtlichen Typus [...] der Konformismus [ist], der Masse-Mensch, zu dem man gehört« (1376).

Eine der Rubriken, die in den *Gefängnisheften* immer wieder auftauchen, trägt den Titel »Typen von Zeitschriften«. Darunter befindet sich u.a. der »historisch-kritisch-bibliographische« Typus (1/91), der wiederum die Rubrik der »politisch-intellektuellen Autobiographien« (92) enthalten sollte. »Gut gemacht«, könne er von »großer bildender Wirksamkeit« sein (92f.). »Gut gemacht« wäre dieses Genre dann, wenn es deutlich machen kann, wie einer »über seine Umgebung hinauswächst, durch welche äußeren Anstöße und welche Krisen des Denkens und der Gefühle hindurch« (93). Das ist der Vorgang, der Gramsci interessiert: Wie lässt sich der Weg ebnen, der aus undurchschauter Abhängigkeit, aus unkritischer Anhängerschaft, aus der Zugehörigkeit zu rückständigen, ressentimentgeladenen »Masse-Menschen« herausführt? Wenn »eine der drängendsten Notwendigkeiten der italienischen Kultur diejenige war, sich auch in den fortgeschrittensten und modernsten städtischen Zentren zu entprovinzialisieren« (7/1736), so galt das umso mehr für den aus Sardinien kommenden Gramsci, als er sich 1911 an der Turiner Universität immatrikulierte. Er musste nicht nur das Meer überqueren, das den Inselbewohner vom Festland trennte, sondern er musste sich auch in eine neue ›Lebens- und Denkweise‹ hineinarbeiten.

3.1 Die organisierende Funktion der Intellektuellen

»Herausbildung der italienischen Intellektuellengruppen« steht an dritter Stelle von Gramscis Themenliste, die dem ersten der *Gefängnishefte* von 1929 vorangestellt ist (1/67). Am 19. März 1927, in einem Brief an seine Schwägerin Tanja Schucht, nennt er vier Themen, an erster Stelle eine Untersuchung über »die Herausbildung des öffentlichen Geisteslebens im Italien des vorigen Jahrhunderts«, also eine Studie über die »italienischen Intellektuellen« (GB II, 92), die beispielhaft für eine Fehlentwicklung stehen: Sie sind »eine Kaste und kein mit organischen Funktionen ausgestattetes Glied des Volkes selbst« (8/2044). »Organisch« – ein oft verwendetes Attribut, das nichts mit den reaktionären, der politischen Romantik entstammenden organologischen Staatsvorstellungen zu tun hat, die sich dem ›Rationalismus‹ der Aufklärung, d.h. einem auf rational-einsichtige Kriterien gegründeten Staatsaufbau, entgegensetzen. »Organisch« steht hier allgemein für die gelingende, d.h. auch langfristige Beziehung zwischen den Intellektuellen und einer bestimmten gesellschaftlichen Gruppe, nämlich derjenigen, die Gramsci in Anspielung an den biblischen Sprachgebrauch der ›Einfachen im Geiste‹ als die »Einfachen« bezeichnet. Das Thema der Intellektuellen steht in engem Zusammenhang mit dem der Hegemonie und der Zivilgesellschaft. Um Einfluss zu gewinnen – und der reale Einfluss bemisst sich eben nach der ›Organizität‹ im Verhältnis von Intellektuellen und Einfachen –, bedarf es vielfältiger Aktivitäten auf den der ›eigentlichen‹ Politik vorgelagerten Feldern. Die in der kommunistischen Arbeiterbewegung in die Formel von der »führenden Rolle der Arbeiterklasse« eingeschlossene Überzeugung hat insofern eher passivierende Effekte. Die »führende Rolle« entscheidet sich nicht aufgrund der Stellung im Produktionsprozess. Politik wäre dann nur der Ausdruck der Ökonomie, ohne jedes Eigengewicht. Schon gar nicht lässt sie sich dekretieren oder gar durch die »führende Rolle« der »Partei der Arbeiterklasse« substituieren. Die »führende Rolle« ist ein Aufgegebenes, kein Gegebenes. Indem Gramsci die Rolle der Intellektuellen ganz neu unter die Lupe nimmt, hält er die Arbeiterbewegung zu einer realistischen Einschätzung ihrer Kräfte, ihres in der Gesellschaft real ausgeübten Einflusses an. »Man muss [...] die Aufmerksamkeit gewaltsam auf die Gegenwart lenken, so wie sie ist, wenn man sie verändern will.« (5/1117)

Intellektuell tätig zu sein heißt eine organisierende Funktion im Ensemble der gesellschaftlichen Verhältnisse auszuüben. Gramsci fasst die Intellektuellen also nicht mehr in Begriffen einer Berufsgruppe, die aufgrund ihrer Klassenlage dem Proletariat näher oder ferner stehen kann. ›Hand‹- und ›Kopf‹-Arbeit bezeichnen allenfalls Tendenzen, keine Wesenheiten, die klassenmäßig zuzuordnen wären. Wie die manuelle Tätigkeit intellektuelle Anteile, so enthält die intellektuelle Arbeit physische Momente. Der »*dressierte* Gorilla«, wie Frederick W. Taylor den fordistischen Arbeitertypus nennt, ist eine »Metapher«, um eine »Grenze in einer bestimmten Richtung anzuzeigen« (7/1499 f.). Was »die Intellektuellen« von den anderen gesellschaftlichen Gruppen unterscheidet, müsse »im Ensemble des Systems der Verhältnisse« gesucht werden, in dem sie sich befinden – nicht in der »Eigenart der intellektuellen Tätigkeiten« (1499). Die Arbeit der Ärztin, die im Operationssaal steht, ihr Gehirn anstrengt und die das Skalpell führende Hand kontrolliert, hat zweifellos intellektuelle Anteile; zu einer ›Intellektuellen‹ im Zusammenhang der gesellschaftlichen Verhältnisse wird sie erst, wenn sie als ›Politikerin‹ auftritt, die sich darum kümmert, dass der Operierte, dem sie im Operationssaal ihre Kraft und ihr Können gewidmet hat, nun auch außerhalb des Operationssaals Bedingungen vorfindet, die seinen Heilungsprozess befördern. Die Arbeitsbedingungen innerhalb des Krankenhauses gehören ebenso dazu wie saubere Luft und sauberes Wasser. Rudolf Virchow, der für eine medizinische Grundversorgung der Bevölkerung eintrat, tauschte zur Erreichung dieses Ziels zeitweilig das Krankenhaus gegen das Parlament (dem Ort par excellence, an dem öffentlich wahrnehmbar gesprochen wird). Er handelte damit gemäß der Einsicht, dass das Schicksal der Kranken sich nicht nur im Krankenhaus, sondern auch in der Politik entscheidet.

Freilich muss auch der kapitalistische Unternehmer oder die Unternehmerin mehr sein als nur gerade das, nämlich ein »Organisator von Menschenmassen [...], ein Organisator des ›Vertrauens‹ der Sparer in seinen Betrieb, der Käufer seiner Ware« (7/1497). Die Herstellung des Produkts muss ergänzt werden durch die Herstellung einer Unterscheidung, die es von seinen Konkurrenten abhebt und es ›unverwechselbar‹ macht. Doch damit nicht genug: »Wenn nicht alle Unternehmer, so muss doch zumindest eine Elite derselben eine Fähigkeit als Organisator der Gesellschaft im allgemeinen haben, in ihrem ganzen komplexen Organismus von Dienstleistungen bis hin zum staatlichen Organismus, wegen der Notwendigkeit, die günstigsten Bedingungen für die Ausdehnung der eigenen Klassen zu schaffen; beziehungsweise muss sie zumindest die Fähigkeit besitzen, die ›Gehilfen‹ (spezialisierte Angestellte) auszuwählen, denen diese Tätigkeit des Organisierens der außerbetrieblichen allgemeinen Verhältnisse anvertraut werden kann.« (Ebd.)

Wenn Gramsci die Intellektuellen als die »›Gehilfen‹ [*commessi*] der herrschenden Gruppe bei der Ausübung der subalternen Funktionen der gesellschaftlichen Hegemonie und der politischen Regierung« bezeichnet (7/1502), so nicht um deren Funktion der Konsensbeschaffung als zweitrangig herunterzuspielen, sondern um im Kontakt mit der Sprache der Kommunistischen Internationale zu bleiben (man sprach von den Intellektuellen als den »Kommis«, den Handlungsreisenden, d.h. den Beauftragten der herrschenden Klassen). Zwar kann man sagen, dass die Anerkennung der herrschenden Gruppe auch einem strukturellen Moment entspringt, nämlich »ihrer Stellung und ihrer Funktion in der Welt der Produktion« (1502), doch ist der Beistand der intellektuellen ›Gehilfen‹ deshalb nicht weniger wichtig, weil die Bedeutung dieser Stellung in die Gesellschaft hinein ›vermittelt‹ und im Bewusstsein der vielen verankert werden muss. Nichts ist selbstverständlich, wie auch den Arbeitenden ihre bedeutende Funktion in der Welt der Produktion nicht ohne Weiteres selbstverständlich ist. Heute heißt es oft, von den Höhen unternehmerischer oder staatlicher Führungspositionen aus gesprochen, etwas müsse ›kommuniziert werden‹ oder etwas sei ›falsch kommuniziert‹ worden, usw. Das reduziert den Vorgang begriffslos auf eine Frage der richtigen Worte (obwohl auch die ihre Bedeutung hat). Gramsci spricht von der »organisierenden Funktion der gesellschaftlichen Hegemonie und der staatlichen Herrschaft«, die die »erhebliche Erweiterung des Begriffs des Intellektuellen« nötig macht (1502). Er legt den Akzent auf die »organisierende Funktion«, d.h. auf die Frage, ob diejenigen Gruppen, deren Konsens nötig ist, um die herrschaftliche Überordnung bestimmter anderer Gruppen möglich zu machen, auch tatsächlich ›freiwillig‹ zustimmen, ob die Herrschaft der einen für richtig gehalten, ja ›geglaubt‹, d.h. in ein bestimmtes Verhalten ›von unten‹ überführt wird. Zu glauben, dass ›die da oben‹ es schon richtig machen werden, ist keine bloße Bewusstseinstatsache. Es hat ein bestimmtes Verhalten zur Folge; es schreibt, mit der Position der Oberen, auch die der Subalternen fest.

Indem die überkommenen »Kastenvorurteile« (1502) vom Intellektuellen als dem ›bürgerlichen‹ Geisteshelden weggeräumt werden (die noch die Auffassung in der Kommunistischen Internationale prägen), erschließen sich die intellektuellen Tätigkeiten und Funktionen als komplexes gesellschaftliches Feld: Neben den »Schöpfern der verschiedenen Wissenschaften, der Philosophie, der Kunst usw.«, die auf der »höchsten Stufe« stehen, rücken nun auch »die bescheidensten ›Verwalter‹ und Popularisatoren des bereits vorhandenen [...] intellektuellen Reichtums« ins Bild. Wenn Gramsci an dieser Stelle auf militärische Metaphern zurückgreift, um das Feld zu beschreiben – »subalterne Offiziere, höhere Offiziere, Generalstab« (1503) –, so deshalb, weil den Intellektuellen im »Stellungskrieg« in der Zivilgesellschaft wie in der politischen Gesellschaft eine wesentliche Funktion zukommt. Analog zu Walter Benjamin, der gegen eine in kultischer Werkverehrung erstarrte Literaturgeschichte verlangt hat, »statt sich nur immer für die Aussicht auf Gipfeln zu interessieren, die geologische Struktur des Buchgebirges« zu erforschen (GS IV.2, 620), tauchen bei Gramsci erstmals die »Truppendienstgrade« unter den Intellektuellen auf, »deren wirkliche Bedeutung größer ist, als man üblicherweise meint« (7/1503). Alfred Weber, der Bruder des bekannteren Max Weber, richtete in seinem Aufsatz »Der Beamte« (Franz Kafka, der bei ihm promoviert hat, soll u.a. hier zu seinen Werken angeregt worden sein) erstmals den Blick auf das Heer der Angestellten und Beamten, die durch das »bürokratische Gebäude eingesogen« werden (1910/1960, 69). Sie seien Produkt der »Umschichtung des Lebens in die Großbetriebsgestaltung« (67) und damit einhergehend einer »Intellektualisierung alles unsres praktisch relevanten Handelns«, deren sich das Kapital als eines »Mittels der Profiterzielung« bemächtigt (68). Dass sich in der »modernen Welt« die »Kategorie der Intellektuellen unerhört erweitert hat« (7/1503), steht auch Gramsci vor Augen, nur dass er diese Erweiterung nicht als ein unentrinnbares ›Schicksal‹ erzählt, welches die Subalternen unwiderruflich auf ihre Positionen festnageln würde, sondern sie herrschaftskritisch benennt, indem er den Inhalt von der Form unterscheidet: Nicht die Ausbildung spezialisierter Intellektueller wie etwa des mit der Industrie verwachsenen Typs, dessen Funktion mit derjenigen der »subalternen Offiziere« verglichen werden könne, ist das Problem, sondern die Bindung dieser Schichten an die »herrschende grundlegende Gruppe«, die den »Produktionsplan« aufstellt (1503).

3.2 Exkurs zu Paul Nizan

Gramsci vermutete zu Recht, dass Paul Nizans[12] Streitschrift gegen die »moderne Philosophie« (*Die Wachhunde*, 1932), die er nur aus indirekten Quellen kannte, »zur Unterstützung der Philosophie der Praxis« geschrieben war (6/1343). Nizan fordert, man solle »die Philosophen einmal anders als nach dem Grad ihrer Intelligenz« einordnen, um herauszustellen, dass »Philosophien der Befreiung und der Unterdrückung« (1932/1969, 125) dienen können. »Nicht das ›Denken‹, sondern das, was wirklich gedacht wird, vereint oder unterscheidet die Menschen«, heißt es bei Gramsci (4/891). Wenn Nizan, der 1927 in die Kommunistische Partei eintrat und sie 1939, im Protest gegen den Hitler-Stalin-Pakt, wieder verließ, »öffentlich Partei« ergreift, so nicht mehr als »Stimme des Geistes«, sondern als »eine Stimme unter anderen«, als ein »Philosoph«, der seine Arbeit »mit den trivialen Forderungen der konkreten Menschen« verbindet, mithin als »Techniker dieser Forderungen« auftritt, indem er das »langsam erwachende Aufbegehren der Menschen zum Ausdruck« bringt (1932/1969, 198 f.). Die herrschende »Trennung zwischen Denken und Welt« ist die »Trennung zwischen denen, deren Beruf es ist, zu denken, und der ausgebeuteten Masse, die unsere Väter mit einem Gemisch von Vertraulichkeit, Arroganz und Hoffnung ›das Volk‹ nannten und die wir heute als Proletariat begrüßen« (194). Nizan liefert also nicht nur seinem Freund Sartre das Stichwort für dessen Engagement-Begriff, er richtet die Aufmerksamkeit auch auf die Achse Intellektuelle – Volk und fordert den »Anschluss an die Philosophie von Marx und Lenin« (194). Wie dieser genau aussehen soll, bleibt zwar offen; auch konkretisiert er die Frage, wie diese Achse zustande kommen soll, anders als Gramsci nicht in Bezug auf die »moderne Welt«, die eine technische Erziehung in enger Verbindung mit der Industriearbeit verlangt, um so zur »Basis des neuen Intellektuellen-Typs« zu werden (7/1531). Aber es ist interessant zu sehen, dass an einer neuen, herrschaftskritischen Auffassung des Intellektuellen auch an anderen Stellen gearbeitet wird und dass ein Echo davon bis in Gramscis Zelle gedrungen ist. Zwei »kleine Artikel« (6/1343) in der *Critica Fascista* hatten es ihm zugetragen. Die Gefängnisleitung, die die Lektüre dieser Zeitschrift für unbedenklich hielt, rechnete nicht mit der Empfänglichkeit dieses Gehirns, das doch, nach den Worten des Staatsanwalts Michele Isgrò beim Prozess gegen die Führungsgruppe der KPI 1928, für »zwanzig Jahre« daran gehindert werden sollte zu funktionieren.

Gramsci führte den Erfolg der von ihm im Zusammenhang der Turiner Rätebewegung mitbegründeten Wochenzeitung *L'Ordine Nuovo* (1919/20) auf die organisierende Funktion des neuen Intellektuellentyps zurück: nicht mehr als »bloßer Redner«, sondern als »Konstrukteur, Organisator, ›dauerhaft Überzeugender‹« aufgetreten zu sein, der die »Spezialisten« zu »›Führenden‹ (Spezialist + Politiker)« bildet (7/1532). Der *Ordine Nuovo* trug das Motto: »Bildet euch, denn wir brauchen all eure Klugheit. Bewegt euch, denn wir brauchen eure ganze Begeisterung. Organisiert euch, denn wir brauchen eure ganze Kraft.« Der kollektive Intellektuelle, der diese Zeitschrift sein will, kann bildend, bewegend und organisierend wirksam werden nur dann, wenn er von der Klugheit, Begeisterung und Kraft der Turiner Arbeiterklasse getragen wird. Die Klugheit kann nicht ›von außen‹ kommen; die Begeisterung ist nicht einfach herstellbar; die Kraft der Zeitschrift ist die der wirklichen Bewegung, die sie voraussetzt und zugleich mit hervorbringt. Das Organische im Verhältnis von Intellektuellen und Einfachen kann nur von beiden Seiten aus entstehen.

3.3 Traditionelle und organische Intellektuelle

Wenn auch »alle Menschen« Intellektuelle sind, bilden sich doch »historisch spezialisierte Kategorien zur Ausübung der intellektuellen Funktionen [...] in Verbindung mit allen [...], insbesondere aber in Verbindung mit den wichtigsten gesellschaftlichen Gruppen, und sie erfahren besonders weitgehende und komplexe Ausformungen in Verbindung mit der herrschenden gesellschaftlichen Gruppe« (7/1500). Zwar übe die »Masse der Bauern« im Feudalismus eine »wesentliche Funktion in der Welt der Produktion« aus, doch gelinge es ihr nicht, ihre »eigenen ›organischen‹ Intellektuellen« heranzubilden (1498), die ihr ein Bewusstsein ihrer besonderen gesellschaftlichen Funktion geben könnten. Die »traditionellen« Intellektuellen – die Männer der Kirche –, die sie zu diesem Zweck »assimilieren« müssten, sind eben mit der »herrschenden gesellschaftlichen Gruppe« verbunden, und das ist nicht die Bauernschaft, sondern der Feudaladel. Thomas Müntzer ist eine Ausnahme. Der »Theologe der Revolution«, wie Ernst Bloch ihn genannt hat, konnte zum organischen Intellektuellen der Bauern nur als ein »Rebell in Christo« werden (Bloch, GA 2, 15), der seiner »Untugend ein Nest suchte« (18), wie Luther den Standpunkt der Orthodoxie zum Ausdruck brachte. Der Hass, mit dem diese Müntzer vefolgte, zeigt, dass einiges auf dem Spiel steht, wenn einer der ›Ihren‹ die Seite wechselt und den »Korpsgeist« aufkündigt (7/1498).

»Traditionell« und »organisch«[13] sind keine Wertkategorien, auch keine polaren Gegensätze. Die »traditionellen« Intellektuellen sind »organisch« in Bezug auf die herrschende Gruppe, »traditionell« insofern sie sich einbilden, über den Klassen zu stehen und »unabhängig von der herrschenden gesellschaftlichen Gruppe« zu agieren (1498 f.). Sie fühlen sich allein den ›Ideen‹, der ›Objektivität‹ und ›Wertfreiheit‹ der Wissenschaft verpflichtet – einem Bereich also, der ihrem Selbstverständnis nach nichts mit dem Politischen zu tun hat. Dass die akademische Autonomie materielle, mit der besonderen Verfasstheit des Gemeinwesens selbst gegebene Grundlagen hat, kommt ihnen kaum in den Sinn. Wolfgang Abendroth hat gezeigt, dass dieses die Professoren an deutschen Universitäten lange vor 1933 kennzeichnende Selbstverständnis des »Unpolitischen« nicht zufällig mit dem Aufstieg der Arbeiterbewegung – der Subalternen, wie Gramsci sagen würde – zusammenfiel.

Man ging auf Distanz, indem man »politischen Kampf generell als ungeistig disqualifizierte« (Abendroth 1966, 191), wobei der ›von oben‹ geführte Kampf gar nicht als solcher wahrgenommen wurde und wie selbstverständlich Anerkennung fand.

Anders die organischen Intellektuellen der Subalternen, die sich nicht einbilden können, etwas anderes zu sein als die Intellektuellen dieser Gruppen, weil diese ja nur in Opposition gegen die herrschenden Verhältnisse Manövrierfähigkeit erlangen können. Sich aus der Subalternität herauszuarbeiten und so »an der Hervorbringung der Weltgeschichte aktiv teilzunehmen« kann nicht ohne die »Anstrengung des eigenen Gehirns« gelingen und ohne »die eigene Tätigkeitssphäre zu wählen« (6/1375). Das gilt für beide Seiten, die Intellektuellen wie die ›Einfachen‹. Doch müssen sie, wenn sie Aussicht auf eine nachhaltige Veränderung der Kräfteverhältnisse haben wollen, ein Projekt entwickeln, das auch auf den Gegner ausstrahlt. Eine gesellschaftliche Gruppe, die sich aus der Subalternität herausarbeiten und »sich auf die Herrschaft hin« entwickeln will, muss – neben der Heranbildung ihrer »eigenen organischen Intellektuellen« – einen »Kampf um die Assimilierung und ›ideologische‹ Eroberung der traditionellen Intellektuellen« führen (7/1500). Um noch einmal auf das Beispiel der katholischen Kirche zurückzugreifen, das Gramsci, in einem Land lebend, in dem diese Kirche lange Zeit ihre Herrschaft nicht nur über die Seelen, sondern sehr handfest auch über einen Großteil des Landes ausübte und als ein Staat im Staat auftrat, immer präsent hat: Wenn die Kirche über Jahrhunderte »das Monopol der kulturellen Führung« innehatte (1507), so einerseits, weil ihr Personal die »organisch an die grundbesitzende Aristokratie gebundene« Intellektuellenkaste bildete und mit dieser juristisch gleichgestellt war (1498), andererseits weil sie über einen transnational organisierten Apparat und mit dem Latein über ein sprachliches Medium verfügte, das dem eigenen Handeln den Resonanzraum sicherte. Die Philosophie ist »die Magd« der Theologie, die Kirche kontrolliert das Bildungswesen, von den Universitäten bis hinunter zu den Schulen, und sie fungiert als Instanz der Moral, des Rechts, der Wohltätigkeit und der Fürsorge – Knotenpunkte im Netz, das sie über das Alltagsleben der kleinen Leute ausgeworfen hat. Die zahllosen Darstellungen von im Höllenfeuer schmorenden Sündern oder der für ihre Kirche zu Märtyrern gewordenen Männer und Frauen, deren Tode in grausiger Detailtreue zur Anschauung kommen – die Kirche ist nicht verlegen, wenn es darum geht, die ›Gemeinschaft der Gläubigen‹ zusammenzuhalten. Kein leichtes Unterfangen, da der Dritte Stand von der Aristokratie wenig zu erwarten hatte und im Diesseits gegensätzliche Interessen im Spiel waren. Die Kirchenmänner mochten sich einbilden, unabhängig von der herrschenden Gruppe der grundbesitzenden Aristokratie zu agieren, de facto waren sie jedoch ›organisch‹ mit ihr verbunden, insofern sie ebenso elementar wie diese an der Reproduktion der feudalen Ordnung interessiert waren. Gleichwohl hielten sie mit den ›Einfachen‹ Kontakt, ja, in dieser Verbindung lag ihre strategische Bedeutung vom Standpunkt der herrschenden Gruppe. Wer, wenn nicht sie, sollte die Aufgabe übernehmen, die subalternen Gruppen ins Feudalregime einzubinden und ihren Konsens zu organisieren? Sie waren dazu nicht schon deshalb in der Lage, weil sie lesen und schreiben konnten, sondern weil sie, als anerkannte Repräsentanten des Heiligen, die Nöte der ›Einfachen‹ aufnehmen und ins System des christlichen Glaubens übersetzen konnten. Sie boten eine ›kohärente‹ Erklärung für die Nöte des Diesseits an, sodass sie, trotz des unheiligen Apparats der Kirche, dessen Schatten auch auf sie fielen, Macht über die Herzen der Gläubigen hatten. Dennoch kam es immer wieder zu einem »Bruch in der Gemeinschaft der ›Gläubigen‹« (6/1382), einem »Bruch zwischen Masse und Intellektuellen in der Kirche« (1383). Es gab zwei Möglichkeiten der Heilung bzw. deren Kombination: entweder »durch die Entstehung religiöser Volksbewegungen [...], welche die Kirche mit der Bildung der Bettelorden und durch eine neue religiöse Einheit reabsorbierte«, oder durch die Aufrechterhaltung »einer eisernen Disziplin gegenüber den Intellektuellen, damit sie gewisse Grenzen bei der Unterscheidung nicht überschreiten und diese nicht katastrophal und irreparabel machen« (1383).

Wie ist diese Macht zu brechen und ein neues Verhältnis von Intellektuellen und Einfachen anzubahnen? Eine hegemoniale Konstruktion wird in dem Maße brüchig, wie es gelingt, einen neuen Alltagsverstand zu verbreiten, »immer breitere Volksschichten intellektuell zu heben, das heißt, dem amorphen Massenelement Persönlichkeit zu geben«, indem »Eliten von Intellektuellen eines neuen Typs« gebildet werden, »die direkt aus der Masse hervorgehen und gleichwohl mit ihr in Kontakt bleiben, um zu ›Korsettstangen‹ derselben zu werden« (6/1390). Korsettstangen sind dazu da, einem Gewebe Stabilität zu geben, mithin »Persönlichkeit«. Für Gramsci, der das teure Gymnasium im entfernten Cagliari nur unter größten physischen Entbehrungen besuchen konnte, steht fest, dass die Arbeiterbewegung zugleich Bildungsbewegung sein muss. Als Herausgeber des *Ordine Nuovo* während der großen Streiks am Ende des Ersten Weltkriegs in Turin ließ er es sich nicht nehmen, von Arbeitern geschriebene Leserbriefe selbst zur Druckreife zu befördern. Die sozialistische, später die Kommunistische Partei sollte ein Ort sein, um ›Funktionäre‹ und ›Funktionärinnen‹ im eigentlichen Sinne des Wortes auszubilden: organische Intellektuelle, deren Autorität auf Überzeugung und Kontakt, nicht auf Kommandostrukturen beruhte, wie sie sich im Sowjetstaat und in mit ihm verwandten Regimen herausgebildet haben, in denen, was Befreiungsbewegung war, zum Staatsapparat mutierte.

Die Bildungsfrage ist eines der Kriterien, um den »traditionellen« vom »organischen« Intellektuellen zu unterscheiden. ›Traditionell‹ sind diejenigen Intellektuellen, welche ›die Einfachen‹ »in ihrer primitiven Philosophie des Alltagsverstands [...] belassen«, statt einen »moralisch-intellektuellen Block zu errichten, der einen massenhaften intellektuellen Fortschritt und nicht nur einen von spärlichen Intellektuellengruppen politisch möglich macht« (6/1383 f.). Ein zweites Moment bezeichnet Gramsci als »Übergang vom Wissen zum Verstehen, zum Fühlen, und umgekehrt, vom Fühlen zum Verstehen, zum Wissen. Das volkshafte Element ›fühlt‹, aber versteht oder weiß nicht immer; das intellektuelle Element ›weiß‹, aber es versteht und vor allem ›fühlt‹ nicht immer.« (1490) Wer nur weiß und nicht versteht, ist ein Pedant, und wer nur fühlt, aber nicht weiß, ist ein von Leidenschaften hin und her geworfener Sektierer. Wieder ist das erzieherische Moment der intellektuellen Hebung der Unteren entscheidend: Der organische Intellektuelle muss in der Lage sein, die »elementaren Leidenschaften des Volkes zu fühlen [...] und sie mit einer höheren, wissenschaftlich und kohärent ausgearbeiteten Weltauffassung, dem ›Wissen‹« zu verknüpfen; »man macht keine Politik-Geschichte ohne diese Leidenschaft, das heißt ohne diese Gefühlsverbindung zwischen Intellektuellen und Volk-Nation«. Wenn sie fehlt, »reduzieren sich die Beziehungen des Intellektuellen zum Volk-Nation auf Beziehungen rein bürokratischer, formaler Art; die Intellektuellen werden zu einer Kaste oder einer Priesterschaft (sogenannter organischer Zentralismus)« (1490).

Mit dem Begriff des »organischen Zentralismus« ist ein Grundproblem verbunden, das die in der Form kommunistischer Parteien organisierte Arbeiterbewegung immer wieder heimgesucht hat und an dem sie letztlich gescheitert ist, nämlich die Frage der »›optimalen‹ Organisation« der Bürokratie (7/1605). Wie lässt sich vermeiden, dass die organischen Beziehungen zwischen

Einfachen und Intellektuellen absterben und die organischen sich in traditionelle Intellektuelle, ja in eine Kaste von Priestern verwandeln, denen keiner mehr glaubt? Der Zentralismus ist nicht per se schlecht, ja er ist unverzichtbar, insofern er – wie die Korsettstangen – für die Stabilität des Gewebes sorgt. Doch muss er ein »›Zentralismus‹ in Bewegung« sein, dessen Repräsentanten die Funktionen der »führenden Gruppe« ausüben, ohne sich in eine »bornierte Clique« zu verwandeln, die nur mehr danach trachtet, »ihre schäbigen Privilegien zu verewigen, indem sie die Entstehung von Gegenkräften reguliert oder sogar erstickt« (1606). Dass es dazu kommen kann, liegt für Gramsci nicht in erster Linie am schlechten Charakter der in der führenden Gruppe versammelten Personen, sondern am »Mangel an Initiative und Verantwortung auf unterer Ebene«, an der »politischen Primitivität der peripheren Kräfte« (1606). Wiederum ist die entscheidende Frage, ob es gelingt, Initiative und Verantwortung bei den Unteren zu unterstützen und einem Subjekttypus zur Entwicklung zu verhelfen, der »Führer seiner selbst« sein will. Als Michail Gorbatschow Mitte der 1980er Jahre seinen Umbauversuch unternahm, war nichts dringender gesucht und seltener zu haben als »Initiative und Verantwortung«, denn die allzu lange in »Unzuständigkeit Gehaltenen verhalten sich unzuständig« (Haug 1989, 156). Die »Gewöhnung an Subalternität« (ebd.), hervorgetrieben aus der hundertfachen Erfahrung, nicht gefragt zu sein, ließ das Sich-Einrichten im Gegebenen als einzig ›vernünftige‹ Option erscheinen. Hegemonie ist nicht zuletzt ein »pädagogisches Verhältnis«, d.h. ein »aktives Verhältnis wechselseitiger Beziehungen«, sodass »jeder Lehrer immer auch Schüler und jeder Schüler Lehrer ist. [...] Dieses Verhältnis existiert in der ganzen Gesellschaft in ihrer Gesamtheit und für jedes Individuum in Bezug auf andere Individuen, zwischen intellektuellen und nicht-intellektuellen Schichten, zwischen Regierenden und Regierten, zwischen Eliten und Anhängern, zwischen Führenden und Geführten, zwischen Avantgarden und dem Gros der Truppen.« (6/1335) Ist dieses Wechselverhältnis gestört, der lebendige Austausch zwischen Führenden und Geführten unterbrochen oder, wie im parlamentarischen Regime, aufs Kreuzchenmachen am Wahlsonntag reduziert, dann macht sich breit, was man moralistisch als »Politikverdrossenheit« bezeichnet. Gramscianisch gesprochen handelt es sich um einen Zustand der Dys-Hegemonie, der Abkopplung der Führenden von den Geführten, sodass den Letzteren, wenn ihnen die Kraft zur Veränderung dieses Zustands fehlt, nur die achselzuckende Feststellung bleibt: ›Die da oben tun sowieso, was ihnen passt.‹

Wie das Wissen zum Fühlen, so muss das Fühlen zum Wissen kommen. Es kann die Befreiung der Arbeiterklasse nur das Werk der Arbeiterklasse sein – und nicht von Repräsentanten, die sich an ihre Stelle setzen und das Denken für sich allein in Anspruch nehmen. Zumal marxistisches Denken, die »Philosophie der Praxis«, ist für Gramsci »nicht das Regierungsinstrument herrschender Gruppen, um den Konsens zu haben und die Hegemonie über subalterne Klassen auszuüben; sie ist der Ausdruck dieser subalternen Klassen, die sich selbst zur Kunst des Regierens erziehen wollen und die daran interessiert sind, alle Wahrheiten zu kennen, auch die unerfreulichen, und die (unmöglichen) Betrügereien der Oberklasse und erst recht ihrer selbst zu vermeiden« (1325). Subalterne Klassen – es geht nicht nur um die (männlichen) Industriearbeiter, die den Kern der organisierten Arbeiterbewegung ausmachten. Wo die Formen der Tätigkeit, der Ausbeutung und Arbeitsorganisation sich vervielfältigt haben, das ›Normalarbeitsverhältnis‹ zur Ausnahme geworden ist und die Gewerkschaften sich nicht zufällig schwer damit tun, wen sie eigentlich gegenüber der Kapitalseite genau vertreten sollen – die schrumpfende Stammbelegschaft, die Leiharbeiter, die zu Hause am Bildschirm sitzenden Arbeiter/innen, nicht zu reden von den in die Schwarzarbeit Gezwungenen –, scheint die »Kunst des Regierens« in weite Ferne gerückt. Doch die grundlegende Frage, für die Gramsci wie sonst kaum einer das Bewusstsein geschärft hat und die heute nach drei Jahrzehnten neoliberaler Zerstörung eines Denkens in Kräfteverhältnissen an Aktualität noch zugenommen hat, ist die nach der Herstellung eines Gemeinsamen. Die Stellung in der Produktion ist nichts, worauf man sich verlassen könnte. Sie sagt nichts darüber, ob einer links oder rechts wählt. Nichts darüber, wie mit Subalternität umgegangen wird. Es sind zwei Aufgaben, die sich den organischen Intellektuellen stellen: »auf der eigenen Seite den Geist des Bruchs und der Unterscheidung aufrechtzuerhalten; 2. das Terrain dafür zu schaffen, dass die eigene Seite eine eigene ursprüngliche, den eigenen Lebensbedingungen entsprechende Lehre aufzunehmen und mit Leben zu erfüllen vermöge« (5/1052).

3.4 Die Intellektuellen als Organisatoren einer neuen Kultur

»Warum und wie verbreiten sich die neuen Weltauffassungen, werden populär?« (6/1388) Zwar schafft sich »jede gesellschaftliche Gruppe [...] organisch eine oder mehrere Schichten von Intellektuellen«, die berufen sind, »die günstigsten Bedingungen für die Ausdehnung der eigenen Klasse« herzustellen, doch kommt es zugleich darauf an, als »Organisator der Gesellschaft im allgemeinen« zu wirken (7/1497). Da es nicht genügt, nur »individuell ›originelle‹ Entdeckungen zu machen«, sondern es darum geht, »Wahrheiten kritisch zu verbreiten«, sie »sozusagen zu ›vergesellschaften‹« (6/1377), bewähren sich die Intellektuellen in ihrer organischen Funktion erst, wenn sie nicht nur als Spezialisten eines partikularen Wissens auftreten, sondern als Organisatoren einer »neuen Kultur« (7/1497), einer neuen »intellektuellen und moralischen Ordnung« (6/1377).

Wenn, wie Gramsci sagt, dem »kleinen Mann« die »geschraubte, rhetorische Feierlichkeit« und das »barocke Vokabular« als der Inbegriff des Literarischen erscheint, so verweist das auf die Orte, an denen seine literarische Bildung stattfindet: nicht durch Lektüre und »individuelles Nachdenken«, sondern durch die Teilnahme an »Veranstaltungen städtischen und ländlichen Typs«, etwa Begräbnissen oder Gerichtsverhandlungen, bei denen »sich die gewundenen Sätze und die feierlichen Worte ins Gedächtnis einprägen«. »Man bekämpft diesen Geschmack hauptsächlich auf zweierlei Art: mit unerbittlicher Kritik daran sowie dadurch, dass Gedichtbände verbreitet werden, die nicht in ›erhabener‹ Sprache geschrieben oder in solche übersetzt sind.« (7/1645) Ohne Kritik keine neue Kultur im umfassenden Sinn einer »›laizistischen Religion‹, einer Philosophie, die eben ›Kultur‹ geworden ist, die also eine Ethik, eine Lebensweise, ein ziviles und individuelles Verhalten hervorgebracht hat« (9/2105). Man stößt hier auf eine der für Gramsci charakteristischen Reihungen, in denen Denken und Handeln in einer Kette von Metamorphosen aufeinander bezogen sind – die Religion Philosophie, die Philosophie Kultur, die Kultur Lebensweise wird. Die Schaffung einer neuen Kultur, die den Intellektuellen eine so entscheidende Rolle zuweist, ist ein nie abschließbarer Prozess.

Die »normale kritische Aktivität« muss also »vorwiegend ›kultureller‹ Art« sein (9/2145). So lernte Gramsci die Kunst, aus »Rüben Blut« zu gewinnen, indem er die »drittrangigen Romane«, die ihm die Gefängnisbibliotheken zutrugen, mit der Frage las, welche »Gefühle und Gesichtspunkte [...] diesen Ramsch so erfolgreich« machen (GB II, 234 f.). Da die subalternen Klassen die Initiative der herrschenden Klassen »erleiden«, ist ihre Geschichte »notwendigerweise bruchstückhaft und episodisch« (2/344). Da sie »nicht einmal ahnen, dass ihre Geschichte irgendeine Bedeutung [...] und dass es irgendeinen Wert haben könnte, dokumentarische Spuren zu hinterlassen« (370), ist deren Erschließung meist nur indirekt, etwa im Spiegel der von ihnen gelesenen Literatur möglich. Daher ist der »für die Philosophie der Praxis charakteristische Typus von Literaturkritik« der »kämpferische, nicht ›kalt‹ ästhetische«, derjenige, der den »Kampf für eine neue Kultur, das heißt [...] die Kritik der Gewohnheit, der Gefühle und der Auffassungen von der Welt mit der ästhetischen oder rein künstlerischen Kritik« verbindet (9/2107 f.).

Es geht um den Kampf »für eine neue Kultur, für eine neue Lebensweise« (2109) – nicht bloß einen Kampf für eine »neue Kunst«, denn dieser wäre ein Kampf für die »Hervorbringung neuer Künstlerindividuen«, welche allein der »neuen gesellschaftlichen Gruppe« entspringen können, »die mit hegemonialer Haltung ins geschichtliche Leben tritt« (2111). Unter »Kriterien ›literarischen‹ Urteils« fasst Gramsci u.a. die Kunst, »bereits bekannte Tatsachen und Argumente« zu popularisieren (2110), denn »eine Masse von Menschen« dahin zu bringen, »die reale Gegenwart kohärent und auf einheitliche Weise zu denken, ist eine ›philosophische‹ Tatsache, die viel wichtiger und ›origineller‹ ist, als wenn ein philosophisches ›Genie‹ eine neue Wahrheit entdeckt, die Erbhof kleiner Intellektuellengruppen bleibt« (6/1377). Daher auch sein besonderes Interesse für einen »integralen« Typus von Journalismus, der Bedürfnisse nicht nur befriedigen, sondern schaffen und »sein Publikum in einem gewissen Sinn hervorrufen [...] will« (9/2169). Der Dialekt, der die Subalternen an die Provinz bindet, die magische Weltauffassung, die sie vom entwickelten Denken getrennt hält, die Bewunderung für die barocken Ausdrücke, die sie in der Schule des an seiner Rhetorik sich besaufenden traditionellen Intellektuellen lernen – indem

Gramsci die Fragen der Literaturkritik in die eines Kampfes für eine neue Kultur übersetzt, gewinnen sie operativen Wert für die Selbstbefreiung aus Subalternität und Unmündigkeit.

Ist Gramsci ein unverbesserlicher Optimist, wenn er glaubt, dass es gelingen könnte, mittels einer »populären Zeitung« die Bildung der Leser, »die oft ›magisch‹ oder phantastisch ist, [...] zu leiten und die gängigen Kenntnisse zu ›entprovinzialisieren‹« (9/ 2182)? Sind Zeitungen, zumal solche, die Lesen als Arbeit und das Sich-Aneignen komplexer Zusammenhänge voraussetzen, nicht vorwiegend in den Händen Gebildeter zu finden? Und umgekehrt die Massenblätter mit ihrer Mischung aus Unterhaltung, Sex und Verbrechen in den Händen der Subalternen, die so in der »primitiven Philosophie des Alltagsverstands« (6/1383) festgehalten werden? Bourdieu führt die Trennung zwischen Sensations- und Nachrichtenpresse, die sich nach 1945 herausgebildet hat, darauf zurück, dass bei zunehmender Kundschaft sich unvermeidlich »die invarianten Züge« kultureller Massenprodukte durchsetzen, »von den einschlägigen Fernsehserien [...], den geschickt jeglichen politischen Charakters entkleideten politischen Aussagen der Parteien [...] über die nichtssagenden, ausdruckslosen Schönheiten der Hollywood-Stars oder der Profis des bürokratischen Charmes« (1979/1987, 692). Wer eine überregionale Zeitung liest, so Bourdieu, »macht damit kenntlich [...], dass er sich als vollgültiges Mitglied des Staatswesens fühlt« (695), was seinen empirischen Untersuchungen nach nur für 17 Prozent der angelernten und Facharbeiter zutrifft. Die »herrschende Klasse« hege »ein besonderes Interesse für die sogenannten Angelegenheiten von allgemeinem Interesse deshalb [...], weil die besonderen Interessen ihrer Angehörigen im besonderen Maße mit diesen ›Angelegenheiten‹ liiert sind« (694). Muss man also annehmen, dass die viel zitierte ›Meinungsfreiheit‹ zusammen mit den dominanten Marktkräften auch eine raffinierte Form sein kann, um die Subalternen – im Modus der Freiwilligkeit – auf die ihnen von der herrschenden Klasse zugedachte Position festzulegen? Während Gramsci die Perspektive des aus dem Gefängnis der Subalternität sich Befreienden einnimmt, dessen Selbst sich nur verwirklichen kann, »indem es aus sich herausgeht« – denn nur in der Gesellschaft kann es zu geschichtlicher Handlungsfähigkeit, zur »Kreuzung des Wer-Seins mit dem Wir-Sein« kommen (Haug 2011, 47) –, interessiert sich Bourdieu für die Funktionsweise des durch Kommerz und Kulturindustrie bestimmten journalistischen Feldes, in dem die Einzelnen auf bestimmte Positionen festgelegt sind und diese aktiv, etwa durch Geltungskonkurrenz, reproduzieren. Dabei fällt die Frage, wie sie sich Raum schaffen und Handlungsfähigkeit gewinnen können, leicht unter den Tisch. Ein kritischer Journalismus, ein bestimmter Typus von Zeitung, die konstante und geduldige Tätigkeit der organischen Intellektuellen – das Kohärentarbeiten des widersprüchlich zusammengesetzten Alltagsverstands ist, wie die »Kultur« selbst, »Produkt einer komplexen Ausarbeitung«, die nur »langsam und schrittweise vor sich gehen« kann (9/2179). Veränderungen in den Denkweisen, Glaubensinhalten und Meinungen ereignen sich so wenig explosionsartig wie Wachstumsprozesse in der Natur, deren Lehren die Agrikultur, die Mutter aller Kultur, sich aneignen muss, will sie die Naturgrundlagen allen Daseins nicht zerstören.

3.5 Zwischen Kosmopolitismus und popular-nationaler Kultur

»Hat es eine italienische Romantik gegeben?« Anhand dieser Frage, die auf den ersten Blick nur Literaturhistoriker zu interessieren scheint, entfaltet Gramsci die Problematik des Verhältnisses von Intellektuellen und Volk. Romantik interessiert ihn dabei als Teil der »Kulturgeschichte und nicht der Literaturgeschichte«, und er stellt sie in eine Reihe mit weiteren Fragen: »ob es ein italienisches Theater gegeben hat, die Sprachfrage, warum die Literatur nicht popular gewesen ist«, d.h. über die Spezialisten des Denkens und Lesens hinaus kein oder wenig Interesse gefunden hat. So gefragt, wird daraus der Ansatzpunkt zu einem »aktuell zu lösenden Problem« (7/1702). Dieses Problem, das noch die Gegenwart umtreibt, erschließt sich allein, wenn man sich klar macht, dass »Romantik [...] unter anderem die Bedeutung einer besonderen Beziehung oder Verbindung zwischen den Intellektuellen und dem Volk, der Nation angenommen« hat (1701) und dass sie, im Anschluss an die Französische Revolution, zum Ausdruck einer »Gefühlsströmung« wurde, »die das ganze Leben [...] durchdrungen hat« (1702). Entscheidend ist für Gramsci, »dass eine Verbindung mit dem Volk, mit der Nation gesucht wird, dass man nicht eine servile, einem passiven Gehorsam verpflichtete Einheit für notwendig hält, sondern eine aktive, lebendige Einheit, was immer der Inhalt dieses Lebens sei. Diese lebendige Einheit, ganz abgesehen vom Inhalt, hat eben in Italien gefehlt, sie hat zumindest in dem Maße gefehlt, das ausreichend gewesen wäre, sie zu einer geschichtlichen Tatsache werden zu lassen« (1702).

Auch dass die italienischen Zeitungen von 1930 »die Feuilletonromane von vor hundert Jahren [...] veröffentlichen« (8/2042), liest Gramsci als Symptom eines Bruchs im Verhältnis von Intellektuellen und Einfachen. Wo es »keine übereinstimmende Weltauffassung zwischen ›Schriftstellern‹ und ›Volk‹ gibt« – der Kontakt zwischen Intellektuellen und Einfachen also unterbrochen ist –, kann es »weder eine Popularität der künstlerischen Literatur noch eine einheimische Produktion von ›Popular‹-Literatur« geben (2041). Der Übergang zwischen dem Wissen, Verstehen und Fühlen, von dem weiter oben die Rede war, ist blockiert. Die italienischen Intellektuellen-Schriftsteller »fühlen nicht die Bedürfnisse« des Volkes und sind folglich etwas von ihm »Losgelöstes, in der Luft Hängendes, das heißt eine Kaste« (2044). Die Gefühle des Volkes werden »von den Schriftstellern weder als ihre eigenen gelebt, noch haben die Schriftsteller eine ›nationalerzieherische‹ Funktion, das heißt, sie haben sich nicht die Aufgabe gestellt und stellen sie sich nicht, die Gefühle des Volkes auszuarbeiten, nachdem sie sie nacherlebt und sich zu eigen gemacht haben« (2041). Sie agieren als traditionelle, nicht als organische Intellektuelle und tun nichts, um die Kluft zwischen Intellektuellen und Volk-Nation zu überwinden. Gramsci greift zu einem drastischen Vergleich, um deutlich zu machen, was auf dem Spiel steht: Das Verhältnis dieser Intellektuellen zum Volk ist »ein Verhältnis wie zwischen zwei Rassen, von der die eine für überlegen, die andere für unterlegen gehalten wird, ein Verhältnis wie zwischen Erwachsenem und Kind in der alten Pädagogik« (2040). Es sind hier Erzieher am Werk, die sich einbilden, selbst nicht erzogen werden zu müssen. Die zu Erziehenden, die sie auf Distanz halten, sind für sie nur Objekte, ein ihnen im wörtlichen Sinn Entgegengesetztes, deren Lernprozess – wenn es denn unter diesen Voraussetzungen überhaupt zu einem kommt – keinerlei Rückwirkung auf sie selbst hat. Es ist, als ginge diese Erzieher ihre Arbeit nichts an. Freilich konnten sie sich einer vom Volk abgekoppelten Tradition nur deshalb so ungestört zugehörig fühlen, weil diese »nie von einer starken popularen oder nationalen politischen Bewegung von unten durchbrochen worden ist« (2043), die sie ins popular-nationale Leben hineingerissen und ihnen einen aktiven Beitrag zur Ausarbeitung dieses neuen Lebens abverlangt hätte. Man versteht jetzt den oben zitierten Satz besser: »man macht keine Geschichte-Politik ohne Leidenschaft, das heißt ohne diese Gefühlsverbindung zwischen Intellektuellen und Volk-Nation« (6/1490). Die

Frage treibt Gramsci von Anfang an um. Als er im Januar 1929 die Erlaubnis erhält, in der Zelle zu schreiben, steht die »Herausbildung der italienischen Intellektuellen-Gruppen« auf seinem Arbeitsplan an dritter Stelle (1/67). In immer wieder neu ansetzenden Erklärungsversuchen entwickelt er die These von der kosmopolitischen Funktion der italienischen Intellektuellen.

Als 1928 eine anonyme Komödie aus dem 16. Jahrhundert, *Die Venezianerin*, erstmals gedruckt wird, macht Gramsci dazu einige Notizen. Einerseits gilt das Stück als ein »schönes Kunstwerk«, andererseits hält man den unbekannten Verfasser für einen »Nachzügler«, weil er in seiner in Dialekt geschriebenen Komödie realistische, »aus der Wirklichkeit des gewöhnlichen bürgerlichen oder städtischen Lebens« genommene Themen ins Bild bringt, für die noch die mittelalterliche Novellistik das Vorbild liefert. Er wird als »Konservativer« bewertet, weil er nicht die der höfischen Gesellschaft seiner Zeit entsprechende Poetik vertritt. Als Quintessenz notiert Gramsci: »Es ist interessant, diese doppelte Linie im 16. Jahrhundert zu vermerken: eine wahrhaft national-populare [...], verbunden mit der vorangehenden Novellistik, Ausdruck des Bürgertums, und die andere, erhaben, höfisch, anational, die aber von den Schönrednern in den Himmel gehoben wird.« (3/658 f.) Dass noch der Kritiker von 1928 die »wahrhaft national-populare« Linie abwertet, um sich mit der »höfischen« und »anationalen« zu verbünden, liest Gramsci als Symptom eines seit Jahrhunderten andauernden Defizits im italienischen Geistesleben. Der Kritiker reagiert noch immer wie seine humanistischen Vorfahren von vor vierhundert Jahren, für die die Volkssprache »so etwas wie eine Mundart war, also keinen nationalen Charakter besaß« und die als »›kosmopolitische Kaste‹ [...] apolitisch und anational« waren (5/676). Der Humanismus, obwohl er eine umfassende Bildungsbewegung war und eine »neue Form der Kultur initiiert« hat, um einen »neuen Menschentyp in den herrschenden Klassen zu schaffen« (8/1853), hatte für Italien gleichwohl den »Charakter einer Restauration« (5/676), weil er »keine Berührung mit Volk-Nation hatte« und der Gegenreformation im entscheidenden Moment, als diese stark genug war, um die Scheiterhaufen zu entzünden und die Herrschaft der katholischen Kirche zu restaurieren, nichts entgegenzusetzen hatte. Als einzelne waren die Humanisten leicht zu verfolgen; die meisten schwörten ab, um nicht als Märtyrer zu enden.

Wenn der Humanismus – anders als die »Reformation«, die allen künftigen Reformbewegungen das historiche Vorbild und den Namen liefert – nicht die Kraft zu einer irreversiblen »Ketzerei« fand, so deshalb, weil er den ans Latein gebundenen katholischen Universalismus nicht durchbrechen und die »Kluft zwischen den Intellektuellen und den sich nationalisierenden Massen« nicht überwinden konnte. Insofern er »zur Position [...] des kaiserlichen und mittelalterlichen Kosmopolitismus« zurückkehrt, bedeutet er für Gramsci eine »Unterbrechung der national-politischen Formierung Italiens« (7/1783). Die ›Renaissance‹ ist, vom Standpunkt des aktiven Eingreifens des Volkes ins öffentliche Leben, ein unvollendetes Projekt, das der ›Reformation‹ bedarf: »Jede intellektuelle Bewegung wird national oder wird es wieder, wenn ein ›Zum-Volk-Gehen‹ stattgefunden hat, wenn es eine ›Reformations‹-Phase und nicht nur eine ›Renaissance‹-Phase gegeben hat und wenn die ›Reformation-Renaissance‹-Phasen organisch aufeinander folgen und nicht mit historisch unterschiedlichen Phasen zusammenfallen (wie in Italien, wo zwischen der kommunalen Bewegung [Reformation] und derjenigen der Renaissance eine historische Kluft vom Standpunkt der Volksbeteiligung am öffentlichen Leben bestand).« (5/1025)

Wenn in Spanien, Frankreich, England und Portugal die Entwicklung zu Nationalstaaten führte, die zu weltweiter Expansion fähig waren, blieb Italien als Sitz des anationalen Papsttums territorial zersplittert und so eine leichte Beute ausländischer Interventionen. Die »neue Intellektuellenklasse von europäischer Bedeutung«, die Renaissance und Humanismus in Italien hervorgebracht hatte, teilte sich in »zwei Linien« mit unterschiedlichen Funktionen: »die eine übte in Italien eine kosmopolitische Funktion aus, gebunden ans Papsttum und reaktionären Charakters, die andere bildete sich im Ausland [...] und übte eine fortschrittliche [kosmopolitische] Funktion in den verschiedenen Ländern aus, in denen sie sich niederließ oder an der Organisation der modernen Staaten als technisches Element in der Miliz, der Politik, dem Ingenieurswesen usw. beteiligte« (8/1855 f.). Wenn Kolumbus, wie andere große italienische Seefahrer, Spanien und nicht einer italienischen Republik diente, so seien die Gründe dafür in Italien zu suchen. Die fortschrittlichen bürgerlichen Klassen seien zwar in der Lage gewesen, »eine eigene Kategorie unmittelbarer Intellektueller zu erzeugen, aber nicht, die traditionellen Kategorien von Intellektuellen (insbesondere den Klerus) zu assimilieren, die hingegen ihren kosmopolitischen Charakter bewahrten und vergrößerten« (3/603).

Man versteht jetzt auch, warum Gramsci der führende Intellektuelle Italiens, Benedetto Croce, als der »letzte Renaissancemensch« erscheint (6/1310). Zwar tritt Croce auch als »Moralist und Lebenslehrer« auf, als »Konstrukteur von Verhaltensgrundsätzen, die von jeder religiösen Konfession abstrahieren«, doch ist es ein »Atheismus [...] von Herren« (1311), der sich für die Erziehung des Volkes nicht interessiert und diese der Kirche überlässt; er übt die »Funktion eines kosmopolitischen Intellektuellen« (1310) in der Art eines »Laienpapstes« aus, der, im Unterschied zum wirklichen Papst, »nicht popular« werden kann (1314). Es ist wie bei den italienischen Literaten, welche »die wirtschaftliche Tätigkeit« nicht interessiert (9/2113); soweit das Leben der

Bauern vorkommt, interessiert es nicht als »Arbeit und Mühsal, sondern [...] als ›Folklore‹«, und die Bauern treten ins Bild nur »als pittoreske Vertreter merkwürdiger und bizarrer Gewohnheiten und Gefühle« (2114). Paternalismus und Kosmopolitismus hängen zusammen: »das ›regionale‹ Volk wurde ›paternalistisch‹ gesehen, von außen, mit nüchternem, kosmopolitischem Geist, in der Art von Touristen auf der Suche nach [...] starken und originellen Eindrücken« (8/2037). Die Trennung des Nationalen vom Popularen lässt beide Elemente verkümmern: das Nationale als der Raum, in dem ein Befreiungsprojekt – als geschichtliches Vorbild stand Gramsci der Jakobinismus vor Augen – zunächst Wurzeln schlagen und Zustimmung finden muss, tendiert zum Kosmopolitismus oder, noch schlimmer, zum Nationalismus; das Populare zum Populismus, in dem das Volk nur eine rhetorische Existenz hat und allenfalls als ›Folklore‹ oder als Einschaltquote interessiert. Eine »neue Kultur« zu schaffen verlangt indes zweierlei: Eine »Vereinigung der ›gebildeten Klasse‹« und eine »neue Haltung zu den Volksklassen [...], einen neuen Begriff davon, was ›national‹ ist, anders als derjenige der historischen Rechten, breiter, weniger exklusiv, weniger ›polizeilich‹ sozusagen« (9/2105). Während Gramsci zur Zeit der Fabrikrätebewegung in Turin 1919/20 vor allem darüber nachdachte, wie ein vom Standpunkt der Arbeiter zu konzipierender »Klassenstaat« aussehen müsste, wie Asor Rosa sagt, gewinnt in der Folge die Frage des Kulturellen entscheidendere Bedeutung, und es setzt sich eben eine ›breitere, weniger exklusive‹ Auffassung der »Revolution als einer großen Sache des Volkes« durch (un grande fatto di popolo; Asor Rosa 1965/1988, 173).

3.6 Lorianismus – der Intellektuelle im Supermarkt der Ideen

Es ist kaum vorstellbar, dass Umberto Eco seine »Phänomenologie des Quizmasters« aus den Anfängen des Fernsehens ohne die kritischen gramscianischen Begriffe des Intellektuellen und des Alltagsverstands im Hinterkopf geschrieben hat. Nicht der »Supermann, sondern der Jedermann« (1961/2005, 23) wird hier zum Helden. »Nicht im mindesten« komme dem Quizmaster Mike Bongiorno »der Verdacht, dass Kultur eine kritische und kreative Funktion haben könnte«, zeigt er doch selber »keinerlei Drang, sich zu bilden«, und bestärkt so im Zuschauer »die natürliche Neigung zur Apathie und geistigen Faulheit« (25). Er akzeptiert »alle Mythen seiner Gesellschaft«, »bekundet ein grenzenloses [...] Vertrauen in den Experten [...], die autorisierte Kultur« (26). Patriarchal »herablassend gegenüber den einfachen Leuten und ehrerbietig gegenüber den Höhergestellten« (27), erkundige er sich nach den »Bizarrerien des Wissens« (28), vermeidet aber jede Polemik, d.h. jede kritische Unterscheidung. »Er repräsentiert ein Ideal, das zu erreichen sich niemand anstrengen muss, denn jeder ist schon auf seinem Niveau. Keine Religion war je so nachsichtig mit ihren Gläubigen. In ihm hebt sich die Spannung zwischen Sein und Seinsollen auf. Er sagt zu seinen Verehrern: Ihr seid Götter; bleibt, wie ihr seid.« (30) Trotz des offensichtlichen Desinteresses an allem, was nach intellektueller Anstrengung aussieht, agiert Mike Bongiorno als Intellektueller und übt als solcher, an zentraler Stelle platziert, eine weit ausstrahlende organisierende Funktion aus. Den Subalternen, die nach Gramsci »daran interessiert sind, alle Wahrheiten zu kennen, auch die unerfreulichen« (6/1325), verkündet er, es gebe keine unerfreulichen Wahrheiten. Den Höhergestellten bestätigt er ihren Status und ihr gutes Gewissen. Die Utopie einer befreiten Gesellschaft, in der alle zu ihrem Recht kommen, wird nicht bestritten, sondern als realisiert behauptet.

Mike Bongiorno ist der paradigmatische Jasager der Konsumgesellschaft, die sich anschickt, die Gesellschaft der kargen Nachkriegsjahre abzulösen. Fünfzig Jahre später machen sich im Supermarkt der Ideen andere Jasager breit. Sie wollen, in den gewaltig angestiegenen Warenfluten der Konsumgesellschaft, »positiv mit der Warenästhetik« umgehen, schreibt Heinz Drügh (2011, 31). Das ›Neue‹ entspringt wiederum dem Verzicht auf Kritik, ja einem entschlossenen Ja zu den Dingen, wie sie nun mal sind. Nicht mehr von »Lüge«, »Täuschung«, »Manipulation« kann die Rede sein, wo der »Fiktionswert« der Waren wichtiger geworden ist als der »Gebrauchswert« und folglich der »Konsumismus« als gleichberechtigter »Teil der Hochkultur« neben »Literatur oder Kino« gelten muss (Ullrich 2011, 115 ff.). Solche »Intellektuelle dieser Zeit der Märkte und Waren« (*Tui-Roman*, GW 12, 611) hat Brecht in der Gestalt des Tuis – des »Tellekt-uell-in« (598) –, des seinen Intellekt vermietenden Intellektuellen, verdichtet. Kluge Köpfe können »sehr töricht verwendet werden, sowohl von den Machthabern als auch von ihren Eigentümern selbst«. In antagonistischen Gesellschaften, in denen das »gute Leben Weniger [...] durch das schlechte Leben Vieler erzeugt wird«, müssen die »klügsten Köpfe« aufgeboten werden, um die »allerdümmsten [...] Einrichtungen zu stützen« – was nur funktioniert, solange sie die »Füllung ihrer Bäuche«, die sie von den gerade Herrschenden erwarten, zur Hauptbeschäftigung machen (*Me-ti*, GW 12, 436). Brechts Notizen zum Tui durchziehen sein Werk wie diejenigen Gramscis zum »Lorianismus« das seine. Nicht zufällig spricht Gramsci von Achille Lorias[14] »Bizarrheiten« und stellt ihn so in eine Reihe mit den »auf bizarre Weise zusammengesetzten« Persönlichkeiten (6/1376), denen es nicht gelingt, sich aus ihrem widersprüchlich zusammengesetzten Alltagsverstand herauszuarbeiten und »die reale Gegenwart kohärent und auf einheitliche Weise zu denken« (1377). Auch der Jurist und Finanzwissenschaftler Luigi Einaudi, der es nach dem Krieg zum Staatspräsidenten brachte, hat es nach Gramsci verdient, »ins Verzeichnis der Lorianer eingetragen zu werden«, verdankt man ihm doch eine Bibliografie der Arbeiten Lorias, die mit 884 Nummern »die Einbildungskraft mit der Masse der von Loria bewältigten ›Arbeit‹« beeindruckt (9/2223).

Der brechtsche Tui ist so wenig ein Einzelfall wie Gramscis Lorianer oder der intellektuelle Schaumschläger des heutigen Medienbetriebs, der nur denjenigen über die Schwelle lässt, der das passende Wort zu sagen weiß und dafür mit dem Privileg einer zweiten Existenz – der auf der Mattscheibe – belohnt wird. Der einzelne Lorianer könnte, wie der Pedant in Molières Komödien, mithilfe des gesunden Menschenverstands der Lächerlichkeit preisgegeben werden. Doch was tun, wenn es sich um das Produkt einer durch »Disorganizität, Mangel an systematisch kritischem Geist, Nachlässigkeit bei der Ausübung der wissenschaftlichen Tätigkeit« gekennzeichneten Kultur handelt (9/2223), gesunder Menschenverstand also Mangelware ist? Was tun, wenn der Typus Loria zu einem »Stützpfeiler der Kultur«, zu einem »›Meister‹ geworden ist und ›spontan‹ ein riesiges Publikum gefunden hat« (2227)? Wenn schon in »gewöhnlichen Zeiten« die »kritischen Dämme« schwach sind, die dann »in anormalen Zeiten entfesselter Leidenschaften« niedergerissen werden und »eine noch schwache und schmächtige intellektuelle Kultur« auf Jahrzehnte hinaus »versumpfen« lassen (ebd.)? Um dem zu begegnen, ist Kritik nötig. Sie ist der Brennstoff, der den Kampf für eine neue Kultur, eine neue Lebensweise antreibt. Schon Kant hat die »geschwätzige Seichtigkeit« zum Gespött gemacht (*Kritik der reinen Vernunft*, Vorrede). Dass sie immer weiter existiert, heißt nur, dass ihre Kritik stets neu gefordert ist. Sie setzt, um wirksam zu werden, eine bestimmte »Organisation der Kultur« voraus, »die als Ganzes operiert« (2145 f.) – nicht im Sinne einer bestimmten Institution, in der sich gut bezahlte Fachleute zusammenfinden, die die Meinung ›machen‹, sondern im Sinne einer funktionierenden Öffentlichkeit, die sich eben darin zeigt, dass im Zweifelsfall die »kritischen Dämme« standhalten. Freilich braucht es dazu – wie jeder Versuch, »neue populare Glaubensvorstellungen [...], einen neuen Alltagsverstand und folglich eine neue Kultur und eine neue Philosophie [...] im Volksbewusstsein« zu verankern (6/1397 f.) – einen langen Atem: »Man muss nüchterne, geduldige Menschen schaffen, die nicht verzweifeln angesichts der schlimmsten Schrecken und sich nicht an jeder Dummheit begeistern.« (9/2232) Und Gramsci fügt, die Überlegungen zu dem berühmt gewordenen Diktum verdichtend, hinzu: »Pessimismus des Verstandes, Optimismus des Willens.«

3.7 Exkurs: Cultural Studies und Subaltern Studies

»Es wäre interessant, konkret, für ein einzelnes Land, die kulturelle Organisation zu studieren, welche die ideologische Welt in Bewegung hält« (6/1391) – Gramscis Satz ist als »virtual campaign slogan« der frühen *Cultural Studies* gelesen worden, also gewissermaßen als ihre Kampfparole (Barker 2003, 82). Tatsächlich musste sich der neue Ansatz gegen etablierte akademische Disziplinen und politische Anfeindungen behaupten. Entstanden war er »ganz am Rande des englischen Universitätsbetriebs« (Hall 2003, 35), in der Erwachsenen- bzw. Arbeiterbildung. Auf diesem Gebiet arbeiteten in den 1950er Jahren Leute wie Richard Hoggart, Raymond Williams und Edward P. Thompson daran, die falsche Alternative zu überwinden zwischen einem bürgerlich eingeschränkten Verständnis von (Hoch-)Kultur und der im Marxismus damals vorherrschenden Tendenz, Kultur jegliches Eigengewicht abzusprechen und sie als ›Überbauphänomen‹ abzutun. Die Entdeckung der Arbeiten von Sartre, Lukács, Althusser, Benjamin u.a. wurden zu wichtigen Schritten auf diesem Weg zur Gewinnung eines offenen Terrains der Kulturanalyse, und in Gramsci erkannte Raymond Williams einen der »major turning-points in Marxist cultural theory« (1977, 4 u. 108). Dessen Hegemoniekonzept erlaubte ein neues, breiteres Verständnis von Kultur und Ideologie, nämlich »the whole lived social process as practically organized by specific and dominant meanings and values« (109). Dieser Kulturbegriff war entwicklungsfähig, es ließen sich damit beispielsweise auch die »significant modern areas of ›leisure‹ and ›private life‹« viel besser erschließen als durch »older ideas of domination, with their trivializing explanations of simple ›manipulation‹, ›corruption‹, and ›betrayal‹« (110).

1964 gründete Richard Hoggart mit einem engen Budget das »Centre for Contemporary Cultural Studies«, das in einer provisorischen Baracke auf dem Campus untergebracht war. Es sollte ihm, der inzwischen an der Universität von Birmingham eine Professur für englische Literatur innehatte, weiterhin die Möglichkeit geben, sich der »Beschreibung seines eigenen Arbeitermilieus und der Umformung der Arbeiterkultur durch die neuen Kräfte der Massenkultur« zu widmen (Hall 2003, 35 f.). Erster wissenschaftlicher Mitarbeiter des Zentrums und von 1968 bis 1979 dessen Direktor war Stuart Hall, jamaikanisch-britischer Literaturwissenschaftler und vormals Redakteur der *New Left Review*. Gramsci, dessen *Gefängnishefte* seit 1971 auszugsweise auf Englisch übersetzt vorlagen, erlangte in diesem Kontext einen neuen Stellenwert, der weit über die Rolle eines inhaltlichen Anregers hinausreichte. Er wurde zum Kristallisationskern, um den herum sich das Selbstverständnis und die methodischen Züge des Projekts erst herausbildeten. Was heute als typisch für das Theorieverständnis der *Cultural Studies* gilt – ihre »disziplinenübergreifende Ausrichtung«, ein »radikaler Kontextualismus« und ihr »interventionistischer Charakter« (Hepp/Winter 2003, 10f.) –, folgt Gramscis Impuls, nicht über dem Material zu theoretisieren, sondern sich kritisch darin zu bewegen. Stuart Hall arbeitete auf das Ziel hin, »innerhalb der Cultural Studies eine institutionelle Praxis zu entwickeln, die organische Intellektuelle produzieren würde« (2000, 41). Das geschah zu einem Zeitpunkt, als die Labour Party, die sozialdemokratisch orientierte Arbeiterpartei Großbritanniens, mit ihrem Anspruch, die Mehrheit zu vertreten, politisch in die Krise geraten war, während die ›neuen sozialen Bewegungen‹ – Feminismus, Bürgerrechtsaktivisten, Studenten-, Friedens- und Umweltbewegungen – zu wichtigen gesellschaftlichen Kräften heranwuchsen. Es konnte also nicht darum gehen, Gramscis Bestimmungen des organischen Intellektuellen der Arbeiterklasse einfach zu übernehmen, sie mussten vielmehr für die Gegenwart neu erfunden werden. »Das Problem mit dem Konzept des organischen Intellektuellen besteht darin, dass es Intellektuelle offensichtlich mit einer historischen Bewegung verknüpft, und wir wussten damals nicht und wissen es heute kaum, wo diese historische Bewegung zu finden war.« (Hall 2000, 41) Direkt anknüpfen konnten die Cultural Studies hingegen an die Forderung, »›organische Intellektuelle‹ müssten an zwei Fronten gleichzeitig arbeiten« (41): einerseits »an der vordersten Front der theoretischen Arbeit«, weil es ihre Aufgabe sei, »mehr zu wissen als die traditionellen Intellektuellen«; andererseits durften sie dabei nicht die Fühlung verlieren mit denjenigen, »die nicht berufsmäßig zur intellektuellen Klasse gehören« (42). Ein organischer Intellektueller hat Gesellschaft also nicht nur als Objekt vor sich, sondern immer zugleich in Gestalt von Subjekten, deren Handlungsfähigkeit erweitert werden soll.

Hall ist selbst ein gutes, wenngleich seltenes Beispiel dafür, wie der Anspruch, wissenschaftliche Theorie und politische Praxis aufeinander zu beziehen, auch unter den gegebenen gesellschaftlichen und akademischen Bedingungen eingelöst werden kann. Über Jahrzehnte analysierte und kritisierte er den Aufstieg und die Etablierung des britischen Neoliberalismus und arbeitete dessen Anknüpfungspunkte im Alltagsverstand heraus. Bereits vor der politischen Wende beschrieb er einen anschwellenden Kriminalitätsdiskurs, der die neue »Law-and-Order Society« vorbereitete (1978, 219); und ebenfalls noch vor Margaret Thatchers Wahl zur Premierministerin im Mai 1979 setzte er zur Benennung dieser neuen Form eines »autoritären Populismus« die Bezeichnung »Thatcherismus« auf die politische Landkarte. Hall wurde zum analytisch versierten Kritiker auch von New Labour, als die Partei unter Tony Blair auf den neoliberalen Kurs einschwenkte und 1997 die Regierungsmacht übernahm. Ihr geschickt vermarkteter »liberaler Autoritarismus« bediente sich zweier populärer Figuren, um den Alltagsverstand zu erreichen: der gebeutelte ›Steuerzahler‹ wurde gegen die ›Sozialschmarotzer‹ in Stellung gebracht, wo es um den Um- bzw. Abbau des Sozialstaats ging; und der souveräne »Konsument« mit seiner Wahlfreiheit sollte dem Marktdiskurs Zugang zu den alltäglichen Praxen und Erfahrungen der Menschen verschaffen.[15] Halls Rolle als organischer Intellektueller bestand hier in erster Linie darin, die Perspektive einer Gegenhegemonie zum neoliberalen Projekt analytisch zu schärfen und alternativer Politik zugänglich zu machen. ›Hegemonie‹ eignete sich dafür, weil sie sich in keine Definition einschließen lässt, sondern »ein unordentliches Denken auslöst. Kein Projekt gelangt je in eine Position der permanenten ›Hegemonie‹.« (2014, 252) Mit seinen zahlreichen Vorträgen, Aufsätzen und Interviews zu Themen wie kulturelle Identität, Migration und neoliberale Globalisierung machte Hall sich überdies zu einem organischen Intellektuellen der »Diaspora-Erfahrung« im Sinn von Heterogenität und Verschiedenheit anstelle der »hegemonialen Form von ›Ethnizität‹« mit ihren Vorstellungen von »Essenz oder Reinheit« (1994, 41).

Ein organischer Intellektueller ist also immer auch Vermittler – Gramsci würde eher sagen »Übersetzer« (vgl. 5.2) – zwischen teils sehr anspruchsvollen und spezialisierten Theorieansätzen und gesellschaftlichen Gruppen oder Kräften, die eine kritische Erneuerung des Alltagsverstands anstreben. Allerdings ließen sich postmoderne und poststrukturalistische Ansätze manchmal nur schwer über den »Erbhof kleiner Intellektuellengruppen« (6/1377) hinausführen, in dem sie anerkannt und verbreitet waren. Ein Beispiel dafür, wie komplex die Vermittlungsarbeit ausfallen kann, bietet Michel Foucaults »Mikrophysik der Macht« in *Überwachen und Strafen* (1975/1994, 38). Er entwirft darin das Bild einer Disziplinargesellschaft, deren »Machtwirkungen bis in die feinsten und entlegensten Elemente dringen« (277). Damit droht sich allerdings auch der Handlungsraum der Subjekte zu schließen. Michel de Certeau hat Foucault daher eine »Überbewertung des (›Disziplin‹) produzierenden Apparats« vorgeworfen und dieser allgegenwärtigen Disziplin das »Netz einer Antidisziplin« an die Seite gestellt (1980/1988, 15 f.). Er verweist auf ein Arsenal von Listen und Künsten der Unterdrückten, die bis »zu den uralten Intelligenzen, zu den Finten und Verstellungskünsten von Pflanzen oder Fischen« zurückreichen (24) und sich bruchlos in die eigenwilligen »Konsum-Taktiken« der Gegenwart verlängern ließen (21). Mit diesem »Gegenstück zu Foucaults Analyse der Machtstrukturen« (186), das de Certeau zugleich als eine »Fortsetzung« des foucaultschen Ansatzes versteht (ebd.), holt er zwar die aktive Handlungsfähigkeit der Subjekte im Alltag in den Fokus der Analyse zurück – aber überallgemein und unterhalb der Schwelle der herrschenden Ordnung. Was also zunächst sehr gramscianisch anmutet, nämlich die Handlungsfähigkeit der Subalternen ins Bild zu bringen, führt zu Unschärfen, wenn diese Strategie von der Hegemoniethematik abgekoppelt wird. Subalternität und Widerständigkeit schließen einander nicht aus, wie Paul Willis (1977/2013) am Beispiel von Arbeiterjugendlichen gezeigt hat, deren Widerstand sexistische, rassistische und bildungsfeindliche Formen annahm und so die Ordnung, die die Jugendlichen damit verhöhnten, zugleich reproduzierte. John Fiske hat de Certeaus »Antidisziplin« zusammen mit anderen Ansätzen, die in dieselbe Richtung wiesen, für die *Cultural Studies* aufgegriffen. Er spricht dabei von »Alltagspraktiken, mit denen die Leute in unterdrückten sozialen Formationen das System überlisten« (1989/2003, 41). Wenn es auch zweifellos sinnvoll war, im Rahmen der Cultural Studies diese eigenwilligen Praxen von Rezipienten oder Konsumenten in den Vordergrund zu rücken, so stellte sich zugleich die Frage, ob sich damit wirklich »das System überlisten« ließ. Oder überlistete hier umgekehrt das System die *Cultural Studies* und zog ihnen den kritischen Stachel? An solchen Fragen nach der ›aktiven‹ Rolle von Rezipienten und Konsumenten entzündete sich um die Wende zu den 1990er Jahren eine teils in polemischem Ton geführte »Revisionismus-Debatte« (vgl. Hepp 2004, 139-150).

Werfen wir noch einen kurzen Blick auf Foucaults Konzept einer Machtanalytik, die den Machtbegriff aus der Beschränkung auf Repression herausführen will und ihn stattdessen als ›produktiv‹ fasst. Wie weit lässt sich dieser Ansatz mit Gramscis Hegemonietheorie vermitteln? Foucault bezieht Wissen und Macht aufeinander, nicht um zu beschreiben, »wie das eine das andere unterdrückt«, sondern weil sich erst durch den »Nexus von Macht-Wissen [...] die Akzeptabilität eines Systems – sei es das System der Geisteskrankheit, der Strafjustiz, der Delinquenz, der Sexualität usw. – erfassen lässt« (1992, 33). Das Subjekt mit seinen Haltungen konstituiert sich also erst in diesem vielgestaltigen »Spiel von Macht-Wissen« (34), und die historischen »Akzeptabilitätsbedingungen« eines solchen System müssen als »reine Singularitäten« herausgearbeitet werden (35 f.). Auch für Gramscis Hegemoniebegriff gilt, dass er erstens jeweils im genauen geschichtlichen Kontext ausgearbeitet werden muss; und dass er sich zweitens ebenso wenig auf den Aspekt der Repression beschränken lässt. Zwar kann Hegemonie je nach Kontext die Bedeutung einer Unterordnung unter eine herrschende Ordnung annehmen, aber bei Gramsci orientiert der Begriff doch immer auf den Prozess einer Erweiterung von Handlungsfähigkeit, die die Subjekte aus lähmender Passivierung heraustreten lässt und eine Gestaltungsmacht hervorbringt, die alle gesellschaftlichen Ebenen – ökonomische, kulturelle und politische – einschließt. Hier laufen die begrifflichen Strategien freilich auseinander. Foucaults von Nietzsche entlehnter Machtbegriff, der Wissen und Macht zusammenschließt, bringt zwar ein »Spiel der vielfältigen Interaktionen und Strategien« ins Bild (40), doch wird er dabei so allgemein, dass sich damit »zwischen einer kooperativen Handlungsmacht von unten und einer Herrschaftsmacht von oben analytisch nicht differenzieren« lässt (Rehmann 2004, 120). Darin liegt eine Grenze der Übersetzbarkeit zwischen den beiden originellen Machtanalytikern Foucault und Gramsci.

Die *Cultural Studies* mussten lernen, mit dem umzugehen, was man als Dialektik des Erfolgs bezeichnen kann. Wie ist der Anspruch, ein kritisches und eingreifendes Projekt zu sein, mit der disziplinären Institutionalisierung im akademischen Rahmen zu vermitteln? »Man kann elegante Artikel über das ›Andere‹ schreiben, ohne dass man je erfahren hat, was ›Anderssein‹ für manche bedeutet.« (Hall 2003, 49). Freilich haben sich die Cultural Studies seit ihren ›unreinen‹ Anfängen immer in Spannungsfeldern bewegt und daraus gerade einen Teil ihrer Vitalität und

Faszination gewonnen. Dort, wo akademische Grenzziehungen die Spitzen der Theorie fein säuberlich vom Denken und Handeln der Subalternen getrennt halten, kommt es immer wieder darauf an, »das Projekt Cultural Studies aus der sauberen Luft der Bedeutungen, der Textualität, der Theorie, in die gemeine Unterwelt zurückzubringen« (Hall 2000, 37).

Die Subaltern Studies

Ist Gramsci mit den britischen *Cultural Studies* über Europa hinaus an die Universitäten z.B. in den USA und Australiens exportiert worden, so hat er über die Bewegung der sogenannten *Subaltern Studies* noch einmal weit darüber hinaus Fuß gefasst. Schon 1960 schrieb Eric Hobsbawm: »Zu den anregendsten Vorschlägen im Werk Gramscis gehört die Aufforderung, der Welt der ›subalternen Klassen‹ deutlich mehr wissenschaftliche Aufmerksamkeit zu schenken.« (2012, 313) ›Subalterne Klassen‹ oder ›Gruppen‹, wie Gramsci häufig auch sagt, ist so wenig ein Tarnwort für ›die Arbeiterklasse‹ wie ›Philosophie der Praxis‹ für ›Marxismus‹. Die Rede von den ›subalternen Gruppen‹ überwindet den Horizont einer engen Klassenpolitik und ist vielfach aufgegriffen worden, weil sie es erlaubt, sehr unterschiedliche Formen von Unterdrückung und Marginalisierung sichtbar zu machen. Für eine Forschungsrichtung, die das koloniale und postkoloniale Indien (»South Asian Subaltern Studies Group«), später auch Lateinamerika (»Latin American Subaltern Studies Group«) zu ihren bevorzugten Gegenständen machte, war das besonders wichtig. Warum war, nachdem die englische Besatzungsmacht das Feld geräumt hatte, die Distanz zwischen den führenden Eliten und der großen Masse des Volkes, die doch im Unabhängigkeitskampf zusammengearbeitet hatten, sofort wieder wirksam? War die Unabhängigkeit nur das Werk einer Handvoll Gandhis und Nehrus und nicht auch einer »enormen Masse subalterner Inder, den städtischen Armen und Bauern, die [...] der britischen Herrschaft Formen von Widerstand entgegengesetzt hatten, die sich von denen der Elite stark unterschieden« (Said 1988, vi)? Um solche Fragen zu stellen, so Ranajit Guha, einer der führenden Köpfe der *Subaltern Studies*, waren einige Denkwerkzeuge Gramscis – Staat, Zivilgesellschaft, Hegemonie – grundlegend. ›Hinter‹ oder ›unter‹ dem kolonialen Gegensatz von englischen Herren und indischen Untertanen tauchte ein vom kolonialen Befreiungskampf offenbar unberührt gebliebenes Gelände voller Ungleichheiten auf, in dem die »Kategorien Klasse, Kaste, Geschlecht, Alter« (Guha 2009, 35) ihre aus der präkolonialen Situation überkommene trennende Wirkung sofort wieder entfalteten.

Mit guten Gründen sagte Guha daher von Gramsci, er sei ihr »Meister« (2009, 31). Und doch meint Joseph Buttigieg, der Herausgeber der englischen Gesamtausgabe der *Gefängnishefte*, Gramsci habe hier nur die Funktion eines »Ausgangspunkts« und spiele keine substanzielle Rolle (1999, 28). Die zum Markenzeichen gewordene Frage *Can the Subaltern Speak?* (Gayatri Spivak) richtete sich zugleich an diejenigen, die sie stellten: Um den Status einer anerkannten Forschungsrichtung zu erlangen, musste man als ›Gruppe‹ hervortreten und sich mit den Theoretikern ins Benehmen setzen, die in der akademischen Welt der *Cultural Studies* Anfang der 1980er Jahre den Ton angaben – und das waren zunehmend Derrida und Foucault, weniger Gramsci. Die Zeitschrift, deren erstes Heft 1982 erschien, gab der Gruppe gleichwohl ein unverwechselbar sozialkritisches Gesicht. »Subaltern«, heißt es in Guhas kurzem Vorwort zur ersten Ausgabe, »will be used in these pages as a name for the general attribute of subordination in South Asian society whether this is expressed in terms of class, caste, age, gender and office or in any other way« (Guha 1982/1988, 35).

Für Gramsci verbindet sich das Thema der subalternen Gruppen, deren Geschichte »notwendigerweise bruchstückhaft und episodisch« ist (9/2191), mit der Frage, wie dieses Bruchstückhafte, auf dem ja nicht zuletzt die Dominanz der führenden Gruppen beruht, zu überwinden wäre. Er stellt also die Frage in der Perspektive der Hegemoniegewinnung. Wie kommt man von den »Rändern der Geschichte«, wie es im Titel des Themenheftes zu den Subalternen heißt, in deren Zentrum? Wenn sich, so seine Überlegung, die »geschichtliche Einheit der führenden Klassen [...] im Staat« vollzieht, so müssen auch die subalternen Klassen, die »per definitionem keine vereinheitlichten« sind, »›Staat‹ werden« (2194 f.). Das wäre Gramscis konkrete Antwort auf die Frage, ob die Subalternen eine Stimme haben. Sie werden sie haben in dem Maße, wie es ihnen gelingt, sich zu vereinheitlichen und ihre Anliegen in ein kohärentes Gesellschaftskonzept zu überführen. Das aber geht nicht ohne organisatorische Strukturen, die der Bewegung den Halt geben, den sie braucht, um zur »völligen Selbständigkeit« zu kommen (2195).

4. »Pessimismus des Verstandes, Optimismus des Willens« – Gramscis politische Theorie

Alles Befreiungshandeln mit einer gewissen Aussicht auf Erfolg bekommt es mit der Dialektik von »Pessimismus des Verstandes« und »Optimismus des Willens« zu tun. Hätte allein der Verstand das Sagen, so wäre es vorbei, sobald sich die ersten Schwierigkeiten einstellen; der Wille allein, ohne die Analyse der Kräfteverhältnisse, für die ich allen meinen Verstand zusammennehmen muss, geriete in die Sackgasse eines Wunschdenkens, dem auch die Tollkühnheit nicht zur Verwirklichung verhelfen könnte. Der Aktionismus, der dies und jenes anfängt, ohne es je zu Ende zu bringen, ist eine Form von Passivität. Ein nüchtern analysierender Verstand muss mit dem tatkräftig aufs Werk zusteuernden Willen zusammenkommen, um die Verhältnisse, in denen wir uns bewegen, für alle besser zu machen.

In den *Gefängnisheften* taucht die Formel an zwei Stellen auf. Das eine Mal als Kontrapunkt gegen die an Dummheiten sich begeisternden Lorianer, das andere Mal in einer kurzen Notiz mit dem Untertitel »Vom Träumen mit offenen Augen und vom Phantasieren« (5/1117). Nur im Märchen wird dem Träumer so glücklich geholfen wie dem Ritter Zendelwald in Gottfried Kellers Novelle »Die Jungfrau als Ritter«. Tagelang hält er imaginäre Zwiesprache mit der Geliebten und kommt darüber zu spät zu dem Turnier, bei dem es doch um ihre Hand geht; doch die Jungfrau Maria, ihre Beschützerin, hat das Heft des Handelns ergriffen und »den Graben zwischen Wunschträumen und Wirklichkeit« überbrückt (Bloch 1959/1979, 417), indem sie in die Gestalt des Ritters schlüpft und das Turnier gewinnt. Eine Befreiungsbewegung wird sich auf solch himmlischen Beistand nicht verlassen, weshalb Gramsci, wo es um die tatkräftige Veränderung der Wirklichkeit geht, solches Träumen als einen »Beweis von Charaktermangel und von Passivität« ablehnt. »Man muss dagegen die Aufmerksamkeit gewaltsam auf die Gegenwart lenken, so wie sie ist, wenn man sie verändern will.« (5/1117) Und in einem Brief an den Bruder Carlo vom 19. Dezember 1929 heißt es:

> »Die Überzeugung, der Mensch habe in sich selbst die Quelle seiner moralischen Kraft, dass alles nur von ihm abhänge, von seiner Energie, von seinem Willen, von der ehernen Kohärenz der Ziele, die er sich setzt, und der Mittel, die er zu ihrer Erreichung anwendet, müsste in ihm so tief geworden sein, dass er nie mehr verzweifelt und nie mehr in jenen banalen und vulgären Geisteszustand verfällt, den man Optimismus und Pessimismus nennt. Mein Geisteszustand fasst beide Gefühle zusammen und überwindet sie: Ich bin Pessimist auf Grund der Einsicht [con l'intelligenza], aber Optimist auf Grund des Willens.« (LC, 310; zit.n. Natoli 1993, 50)

Gramscis Losung, die er auf Romain Rolland zurückführt, hat nichts von ihrer Aktualität eingebüßt. Sie müsse, schreibt er am 10. Juli 1920, »die Losung eines jeden Kommunisten sein, der sich der Anstrengungen und der Opfer bewusst ist, die jedem abverlangt sind, der freiwillig die Position eines Kämpfers in den Reihen der Arbeiterklasse eingenommen hat« (ON, 404; dt. Gef, 1/A63). Das war zu einem Zeitpunkt, als Lenin noch mit gutem Grund annehmen konnte, die Sowjetunion bleibe in ihrem Versuch, eine neue Gesellschaft aufzubauen, nicht allein und werde binnen kurzem durch erfolgreiche Revolutionen im Westen Europas unterstützt.

Auch Gramsci hatte, bei allem Pessimismus des Verstandes, zunächst keinen Grund, anderes zu vermuten – obwohl ihm klar war, dass die Lösung der Nachkriegskrise auch in der Richtung der Reaktion liegen konnte. Zwar hatte sich der Generalstreik vom 13. April 1920 nicht über das ganze Land ausgedehnt, in Turin aber waren ihm über 200 000 Werktätige gefolgt. Die Fabrikräte, die am 31. August in Turin »alle Macht« übernommen und einen sozialistischen Arbeiter an den Schreibtisch des Fiat-Chefs gebracht hatten (Fiori 1979, 128), wurden zu einem organisierenden Faktor der Bewegung, und Gramsci tat alles, um sie zu unterstützen und die in der Sozialistischen Partei organisierten Arbeiter für den kommunistischen Kurs zu gewinnen – und zwar in der Form einer auf Überzeugung setzenden Eroberung der Partei »von innen« (129). Ab Oktober ebbte die Bewegung ab; die Schwierigkeiten, die Fabriken in Eigenregie zu führen, wurden größer; der Terror faschistischer Stoßtrupps verstärkte sich. Auf dem Parteitag von Livorno im Januar 1921 kam es zur Spaltung, bei der die Mehrheit reformsozialistisch blieb, während die Minderheit sich als Kommunistische Partei konstituierte. Gramsci sprach später von einem »Triumph der Reaktion« (zit.n. Fiori 1979, 136); als im Oktober 1922 Mussolini mit der Regierungsbildung beauftragt wurde, war die antifaschistische Bewegung gespalten und unfähig zur Gegenwehr. Die Mitglieder der Kommunistischen Partei, obwohl zunächst nicht verboten, wurden zur bevorzugten Zielscheibe des neuen Regimes; im Februar 1923 entging Gramsci der Verhaftung nur deshalb, weil er sich in Moskau zu Beratungen der Kommunistischen Internationale aufhielt.

In Deutschland haben die Januar-Kämpfe von 1919 über den »Gang der [...] Revolution entschieden«; die Ermordung Karl Liebknechts und Rosa Luxemburgs markierte den Auftakt zum »systematischen Terror« (Abendroth 1964/1981, 91) gegen die Linke, der im Mai 1919 mit der Niederwerfung der Münchner Räterepublik einen Höhepunkt erreichte. Zwar hatte der Kaiser abdanken müssen, doch waren die herrschenden Eliten und die Mittelschichten keineswegs überzeugte Republikaner geworden. Die relative Stabilisierung kapitalistischer Verhältnisse in den industrialisierten Ländern Westeuropas seit 1924 zwang die Russische Revolution auf unbestimmte Zeit in die Isolation; die notgeborene stalinsche Formel vom »Aufbau des Sozialismus in einem Lande« aber verwandelte die kommunistischen Parteien im Westen tendenziell in »Werkzeuge der russischen Außenpolitik« (105).

Während Croce seine *Geschichte Italiens* 1915 enden ließ, »gleichsam wie um zu unterstreichen, dass alles, was danach gekommen war, bloße Irrationalität und Wahnsinn war« (Procacci 1983, 371), setzte Gramsci die Frage nach den Ursachen der historischen Niederlage der Arbeiterbewegung und des Siegs des Faschismus ganz oben auf die Tagesordnung. Wie war es möglich, dass die Revolution im industriell fortgeschrittenen Westen ausblieb, aber ausgerechnet in Russland erfolgreich war, wo das Proletariat, dessen »geschichtlicher Beruf die Umwälzung der kapitalistischen Produktionsweise« ist (Marx, MEW 23, 22), noch kaum entwickelt war? Als eine »Revolution gegen das ›Kapital‹ von Karl Marx« (N, 31) hat Gramsci daher die Oktoberrevolution bezeichnet. Er konnte nicht wissen, dass Marx, erstmals in der französischen Ausgabe des *Kapitals*, den Geltungsbereich seiner Analyse auf die »Länder Westeuropas« eingeschränkt hatte (MEW 19, 242); abgesehen davon, dass es Marx nie um »Rezepte [...] für die Garküche der Zukunft« zu tun war (MEW 23, 25). Wenn also die Oktoberrevolution keine »gegen das ›Kapital‹« war, so hat sie doch die »Schemata ad absurdum geführt, denen zufolge die Geschichte Russlands sich nach den Grundprinzipien des historischen Materialismus hätte entwickeln müssen« (N, 31) – nach Grundprinzipien freilich, für die weniger Marx als ein bestimmter Marxismus verantwortlich war, nämlich der vom Ende des 19. Jahrhunderts, als die deutsche Sozialdemokratie nach der Aufhebung der Sozialistengesetze 1890 großen Zulauf fand und die Entwicklung hin zum Sozialismus unaufhaltsam schien, der Zusammenbruch des Kapitalismus unvermeidlich. Die Oktoberrevolution im Osten, der Sieg des Faschismus im Westen – warum?

4.1 Ein neuer Grundbegriff: die Zivilgesellschaft

Gramsci artikuliert die Problematik der Machteroberung bzw. der Hegemonie – eine zentrale Frage jeder politischen Theorie – zunächst in Termini der Weltkriegserfahrung. Er spricht von Stellungs- und Bewegungskrieg, von Schützengräben und Festungen. Die Bewegung, die zum Sieg der Revolution in Russland geführt hat, nennt er einen »Bewegungskrieg«, weil die Erstürmung des Winterpalais, des Wohnsitzes des Zaren, zugleich das gesamte Regime zum Einsturz brachte. Anders im Westen. Die ›Eroberung‹ einer Automobilfabrik in Turin löste keine Kettenreaktion von Zusammenbrüchen aus; die Taktik des »Bewegungskriegs« führte nicht zum Erfolg. Gramsci stellt nun folgende Überlegung an: Während im Osten der Staat »alles«, die »Zivilgesellschaft [...] in ihren Anfängen und gallertenhaft« war, tauchte im Westen eine »robuste Struktur der Zivilgesellschaft« auf. Zwar kam der Staat auch hier ins Wanken, doch erwies er sich nur als ein »vorgeschobener Schützengraben, hinter welchem sich eine robuste Kette von Festungen und Kasematten befand« (4/874), eben die »Zivilgesellschaft«, auf deren Terrain eine Vielzahl von Kämpfen, ein »Stellungskrieg« um jedes einzelne Kettenglied geführt werden muss. Der Handstreich, der in Russland erfolgreich war, musste im Westen in ein an vielen Punkten zugleich ansetzendes Projekt der Machteroberung überführt werden. In den »modernen Demokratien« bildet die Zivilgesellschaft, dieser »Komplex von Vereinigungen im zivilen Leben«, für die »politische Kunst so etwas wie die ›Schützengräben‹ und die dauerhaften Befestigungen der Front im Stellungskrieg: sie machen das Element der Bewegung, das vorher der ›ganze‹ Krieg war, zu einem ›partiellen‹« (7/1545).

So weit die Lehre, die Gramsci aus der verlorenen Revolution im Westen zieht. Indem sie dazu anhält, zwischen »Zivilgesellschaft« und »politischer Gesellschaft« zu unterscheiden, geht sie weit über den bestimmten Anlass hinaus und gibt der Staatstheorie nützliche Impulse. So prägt Gramsci die Formel: »Staat = politische Gesellschaft + Zivilgesellschaft, das heißt Hegemonie, gepanzert mit Zwang« (4/783). Diese Unterscheidung ist grundlegend, weil sie das Element des Konsenses und des Zwangs auseinanderhält und damit Staaten in der wesentlichen Hinsicht differenziert werden können, ob sie mehr auf der Grundlage freiwilliger Zustimmung oder mehr auf jener eines erzwungenen Gehorsams funktionieren. Während es bei der Zivilgesellschaft um die »Funktion der ›Hegemonie‹« geht, »welche die herrschende Gruppe in der gesamten Gesellschaft ausübt«, handelt es sich bei der politischen Gesellschaft um die »Funktion der ›direkten Herrschaft‹ oder des Kommandos, die sich im Staat und in der ›formellen‹ Regierung ausdrückt« (7/1502). Diese »integrale« Auffassung des Staates (4/824) schärft den Blick für das bestimmte Verhältnis, in dem die antagonistisch-komplementären Modi der Herrschaftsausübung – Konsens und Zwang – jeweils zueinander stehen.

Die liberale Forderung, der Staat solle sich aus allem heraushalten, was die Bürger in Eigenregie regeln können, lässt sich in Gramscis Sprache so übersetzen, dass das Moment der Zivilgesellschaft gegenüber dem der politischen Gesellschaft ausgedehnt werden soll. Diese im Kern vernünftige Forderung kommt allerdings schnell in Konflikt mit der konkreten Bedeutung, die sie in einer Gesellschaft annimmt, in der die ökonomischen Aktivitäten sich aufteilen zwischen denen, die über die Produktionsmittel verfügen, und denen, die nur ihre Arbeitskraft zu verkaufen haben. Die liberale Forderung nach einem ›Nachtwächterstaat‹ bedeutet vor allem, dass die Machtposition derjenigen, die mit den Produktionsmitteln über die Verwirklichungsbedingungen der Arbeitskraft verfügen, gefestigt wird. In Gramscis Begriffen: Indem der ›Staat‹ auf die Regierung-Verwaltung, d.h. auf die politische Gesellschaft reduziert wird, wird die Zivilgesellschaft zur staatsfreien Sphäre erklärt, die der ungehinderten Entfaltung der Marktkräfte zu überlassen ist. In Wirklichkeit, wendet Gramsci ein, ist auch »der Liberalismus eine ›Regulierung‹ staatlicher Natur [...], eingeführt und aufrechterhalten auf dem Wege der Gesetzgebung und des Zwanges; er ist eine Tatsache des sich der eigenen Ziele bewussten Willens und nicht der spontane, automatische Ausdruck der ökonomischen Tatsache« (7/1566). Der »Wille«, der sich in solcher Spontaneität verkleidet, ist derjenige, der entschieden und handfest die Gestaltung der Sphäre der ökonomischen Aktivitäten zum Vorteil der eigenen Gruppe in Angriff nimmt. Eine Arbeiterklasse bildet sich nicht schon aufgrund der Tatsache, dass man ein gleiches Schicksal teilt, nämlich über nur eine Ware zu verfügen, die Arbeitskraft, die man auf den Markt tragen muss. Sie bildet sich in dem Maße, wie es gelingt, auf die Verwertungsbedingungen Einfluss zu nehmen – vor allem die Länge des Arbeitstags und die materiellen Bedingungen, unter denen gearbeitet werden muss. Das setzt die Formierung eines alternativen Willens voraus, einen Lernprozess, der durch die ›organischen‹ Intellektuellen unterstützt wird.

Der Staat, den sich die Liberalen als ›Nachtwächter‹ wünschen, der ihren Schlaf behütet, wird von Marx als eine »Maschine der Klassenherrschaft« entlarvt (*Der Bürgerkrieg in Frankreich*, MEW 17, 336), die die Ausbeutungsbedingungen sichert, und zwar Tag und Nacht. Damit ist die liberale Forderung als Verharmlosung erkannt, denn ohne die repressive Sicherung der Ausbeutungsbedingungen könnten die liberalen Bürger ihren Geschäften nicht nachgehen. Die Liberalen untertreiben, Marx übertreibt. Indem er mit der Metapher der »Maschine« den administrativen und repressiven Aspekt hervorkehrt, bringt er die Unterscheidung von Zivilgesellschaft und politischer Gesellschaft zum Verschwinden. Den Prozess der Hegemoniebildung, der die Klassenherrschaft auch auf dem Terrain der Zivilgesellschaft stabilisiert, bekommt er so nicht in den Blick. Wenn der Staat nur eine »Maschine« ist, muss diese »zerschlagen« werden, wie Lenin – nach dem historischen Vorbild der Maschinenstürmer, die in der die Arbeitsplätze zerstörenden Maschine ihren Gegner sahen – kurz vor der Oktoberrevolution folgert (*Staat und Revolution*, LW 25, 427). Es kam indes nicht zur Zerschlagung, sondern zu einer modifizierten Übernahme eines Apparats, den man nach den selbstkritischen Worten des späten Lenin »vom Zarismus übernommen und nur ganz leicht mit Sowjetöl gesalbt« hat (LW 36, 591), mit der Folge, dass vor allem der Ausbau des Zwangsapparats vorangetrieben wurde, um die Entwicklungsprobleme des riesigen Landes zu lösen, während die Zivilgesellschaft marginal blieb. Nicht »der Staat« soll zerschlagen, sondern das Element »Staat-Zwang« zurückgedrängt werden, präzisiert Gramsci – was in einer »Staatslehre, die diesen als tendenziell dem Erlöschen [...] unterworfen begreift, [...] fundamental« ist (4/783). Damit schließt Gramsci an eine Formulierung des späten Engels an, wonach in einer sozialistischen Gesellschaft an die »Stelle der Regierung über Personen [...] die Verwaltung von Sachen« tritt und der Staat »*abstirbt*« (*Anti-Dühring*, MEW 20, 262). Die Pariser Kommune, die »die alte zentralisierte Regierung« durch die »Selbstregierung der Produzenten« ersetzen (Marx, MEW 17, 339) und die Verwaltungsfunktionen an »jederzeit absetzbare« Abgeordnete übertragen wollte, wurde von Marx begeistert begrüßt, weil hier die »Funktionen einer Gewalt, die über der Gesellschaft zu stehn beanspruchte«, dieser »entrissen und den verantwortlichen Dienern der Gesellschaft zurückgegeben werden« (340).

Stellt sich die sozialistische Perspektive als Prozess dar, in dem die politische Gesellschaft überflüssig wird, weil Staat und Recht »ihre Aufgabe erfüllt haben und von der Zivilgesellschaft aufgesogen worden sind« (5/943), so erscheint umgekehrt die Absorption der Zivilgesellschaft durch die politische Gesellschaft als kennzeichnend für die unter Gramscis Augen sich vollziehende Politik des Faschismus. Wie es ein untrügliches Zeichen des autoritären Staates ist, den Gesellschaftsmitgliedern immer weitere Kompetenzen streitig zu machen und in den staatlichen Apparaten ›über‹ der Gesellschaft zu konzentrieren, so ist umgekehrt die Rückholung der ihnen entzogenen Kompetenzen ein Zeichen für die Ausweitung des zivilgesellschaftlichen Elements. Daher sagt Gramsci: »Das Element Staat-Zwang kann man sich in dem Maße als erlöschend vorstellen, wie sich immer beträchtlichere Elemente von regulierter Gesellschaft (oder ethischem Staat oder Zivilgesellschaft) durchsetzen.« (4/783) Mit dem Ausdruck »regulierte Gesellschaft« (società regolata) artikuliert Gramsci die Perspektive einer klassenlosen Gesellschaft, die nicht immerzu Antagonismen und Krisen reproduziert und daher die »politische Gesellschaft«, d.h. das Element Staat-Zwang, zum »Verschwinden« bringen kann (888). Hinsichtlich der Sowjetunion präzisiert er, dass dort »die herrschende Partei nicht organisch mit der Regierung« sich verbindet, sondern »Instrument für den Übergang von der zivil-politischen Gesellschaft zur ›regulierten Gesellschaft‹« ist (757). Er verliert also das Fernziel, die klassenlose Gesellschaft, nicht aus den Augen; die geschichtliche Aufgabe der Kommunistischen Partei liegt nicht darin, dass sie zum Staatsapparat verknöchert und ihren Dienern Privilegien verschafft, sondern dass sie den Übergang zu einer Gesellschaft organisiert, in der sie selbst überflüssig wird, weil die einst subaltern gehaltenen Produzenten, nicht zuletzt durch die von ihr selbst ausgeübte erzieherische Funktion, gelernt haben, sich selbst zu regieren.

Kurz vor seiner Verhaftung, im Oktober 1926, schrieb Gramsci einen Brief ans ZK der KPdSU. Eine Minderheit um Trotzki und Sinowjew hatte sich zu einem oppositionellen Block zusammengetan, sodass sich die Gefahr einer »Spaltung« (N, 70) abzeichnete und die internationale »Führungsfunktion« (73) der Partei auf dem Spiel stand. Zwar hielt Gramsci damals die von Stalin repräsentierte »politische Linie der Mehrheit [...] grundsätzlich für richtig« (74), aber er warnte davor, »im Kampf einen totalen Sieg zu erringen«, und hoffte auf die Bereitschaft, »außerordentliche Maßnahmen zu vermeiden« (76). Es ist anders gekommen. Der Sieg über die Opposition löste eine Entwicklung aus, die sich in Gramscis Vokabular als massive Verschiebung von der Hegemonie zum Zwang beschreiben lässt, von der Zivilgesellschaft zur politischen Gesellschaft, von der »›Selbstregierung‹« zur »›Regierung der Funktionäre‹ [...], die in der Alltagssprache diejenige staatliche Lebensform ist, der man den Namen Staat gibt und die gewöhnlich für den ganzen Staat gehalten wird« (5/1016). Zwar könne eine solche »Periode der Statolatrie« – der Ineinssetzung von Staat und politischer Gesellschaft – »notwendig und sogar vorteilhaft« sein, vor allem für solche Gruppen, »die vor ihrem Aufstieg zu autonomem staatlichen Leben keine lange Zeit eigener und unabhängiger kultureller und moralischer

Entwicklung durchgemacht haben« (1017), doch zieht eine solche Periode ihr Recht allein aus dem »Willen [...], in der Umhüllung der politischen Gesellschaft eine komplexe und reich gegliederte Zivilgesellschaft zu errichten« (1016). Die »Statolatrie« darf »nicht sich selbst überlassen werden, vor allem darf sie nicht zu theoretischem Fanatismus werden und als ›permanent‹ aufgefasst werden: sie muss kritisiert werden, gerade damit sie sich entwickelt und neue Formen staatlichen Lebens hervorbringt, in denen die Initiative der Individuen und der Gruppen ›staatlich‹ ist, auch wenn sie nicht von der ›Regierung der Funktionäre‹ abhängt (das staatliche Leben ›spontan‹ werden lassen)« (1017). Auf die »Initiative der Individuen« kommt es an, aber auf eine, die über die bürgerlich beschränkte des »Jeder ist seines Glückes Schmied« hinauskommt.

4.2 Der geschichtliche Einschnitt von 1989

Die Entgegensetzung von »Zivilgesellschaft« und »Staat« ist erst seit den 1970er Jahren durch die mittel- und osteuropäischen Dissidentenbewegungen gebräuchlich geworden. Indem die »politische Gesellschaft« im Sinne Gramscis sämtliche Kompetenzen zur Regelung der allgemeinen Angelegenheiten an sich gezogen hatte, geriet jeder unabhängige Organisationsversuch in Gegensatz zu Staat-Partei und wurde entweder marginalisiert (»Nischen-Gesellschaft«) oder mit Zwangsmitteln verfolgt. Von daher die Plausibilität dieser Entgegensetzung; mit dem herrschenden »Staat« wollte man nichts zu tun haben. Im Westen hingegen wurde ›Zivilgesellschaft‹ zur »regulativen Idee der liberalen Demokratie« erhoben (Dubiel 1994, 94). Die so verstandene Zivilgesellschaft richtete sich gegen die »korporative Abdichtung der öffentlichen Sphäre« (96) und fungierte als Ausweis eines vermeintlich goldenen Zeitalters der liberalen Demokratien, das mit dem Untergang der Sowjetunion und der mit ihr assoziierten Staaten angebrochen schien. Diese Ambivalenz zwischen Demokratisierungsanspruch und (neo-)liberaler Ineinssetzung von Markt und Zivilgesellschaft kennzeichnet den heute herrschenden Begriffsgebrauch, der mit Gramsci deshalb wenig zu tun hat, weil hier Zivilgesellschaft mit einer selbst zivilen Instanz verwechselt wird. Wenn es auch zum »Nadelöhr demokratischer Willensbildung und rechtsstaatlicher Verfahren [...] keine Alternative« gibt, heißt das doch nicht, dass »in unseren Gesellschaften« sozialer Wandel nicht mehr »im Bilde des revolutionären Bruchs« gedacht werden kann, wie Dubiel postuliert (1994, 8).

Einer der theoretischen Stichwortgeber in der Debatte ist Jürgen Habermas. Ihm zufolge zeichnen sich zivilgesellschaftliche Akteure gerade dadurch aus, dass sie nicht über die ökonomischen, politischen oder medialen Machtmittel verfügen, die eine dominierende Stellung im Staatsapparat verleiht. Und damit das so bleibt, konzipiert er die Zivilgesellschaft als eine von der politischen Gesellschaft getrennte Sphäre, deren »eigensinniges« Funktionieren sichergestellt werden muss (1994, 450), wenn die institutionalisierte Politik mit ihrer Entscheidungsmacht als legitim anerkannt werden soll. Habermas interessiert also in erster Linie, wie die Legitimität des professionalisierten administrativ-politischen Komplexes gesichert werden kann – gegen die Gefahren einer »Verselbständigung des administrativen Machtkonzentrats« (399 f.). Die »zivilgesellschaftlichen Akteure« sollen und müssen »Einfluss« ausüben, nicht aber »politische Macht«. Sie sollen beraten (»deliberative Politik«), nicht entscheiden (»dezisive Politik«). Der Aspekt, der bei Gramsci im Zentrum steht, nämlich die Perspektive der Hegemoniegewinnung subalterner Gruppen, spielt hier keine Rolle. Nach Habermas muss sichergestellt werden, dass die zivilgesellschaftlichen Akteure ein Mitspracherecht haben, aber die Grenze zwischen dem Zivilen und dem im engeren Sinn Politischen soll unangetastet bleiben. Gramscis Perspektive der Wiedergewinnung der in den Staat im engeren Sinn ausgelagerten Kompetenzen des Vergesellschaftungshandelns wird implizit verworfen, denn eine »rechtsstaatliche Regulierung des Machtkreislaufs in komplexen Gesellschaften« (10) sei mit der Vorstellung einer »sich im Ganzen selbst organisierenden Gesellschaft« unvereinbar.

Nicht dass Habermas die »Beförderung emanzipierter Lebensformen« (450) gleichgültig wäre. Aber das Gütesiegel der Verallgemeinerbarkeit bestimmter Überzeugungen oder Ansprüche wird erst verliehen, wenn die »Filter der institutionalisierten *Verfahren* demokratischer Meinungs- und Willensbildung passiert« sind (449). Kurz, die Zuständigkeit für die »Wahrnehmung und Artikulation gesamtgesellschaftlicher Relevanzen« (427) liegt bei der professionellen Politik. Während Gramsci die strategischen Begriffe vom Standpunkt eines die Emanzipation der subalternen Klassen befördernden zivilen Umbaus der Gesellschaft bildet, so Habermas von dem eines möglichst reibungslosen Funktionierens der im politischen System verankerten demokratischen Prozeduren. Da Recht und administrative Macht als Steuerungsmittel der Politik einen »begrenzten Wirkungsgrad« haben (450), fehlt ihnen das Prestige, das allein nicht-bürokratische Formen von Überzeugung verleihen. Daher interessiert die Zivilgesellschaft bei Habermas vor allem unter dem Gesichtspunkt ihrer Legitimationsfunktion für das Handeln der formellen Entscheidungsträger. »Den Kern der Zivilgesellschaft bildet ein Assoziationswesen, das problemlösende Diskurse zu Fragen allgemeinen Interesses im Rahmen veranstalteter Öffentlichkeiten institutionalisiert.« (443 f.) Ein solcher, »normativ gewendeter Zivilgesellschaftsbegriff« (Votsos 2001, 21), der die Zivilgesellschaft an den Maßstab der Legitimationsbeschaffung bindet, ist Symptom der

Deutungskämpfe, die um den Begriff geführt werden. Einer »linken Selbstverständigungsdebatte«, die das nach 1989 in die Defensive geratene »gesellschaftstheoretische Kritikpotenzial« (18 f.) wachhält, steht eine neoliberale Rechtfertigungsstrategie entgegen, die die Zivilgesellschaft vor allem als Deckwort für das Aufmarschgebiet des entfesselten Bourgeois nutzt, während Habermas ein Nichteinmischungskonzept propagiert, das auf die Stabilisierung der Grenze zwischen ziviler und politischer Gesellschaft orientiert.

4.3 Der Funktionszusammenhang der Hegemoniebildung

Gramscis genuiner Beitrag zur Zivilgesellschaft als ein der formellen Politik vorgelagertes Feld des Vergesellschaftungshandelns, auf dem sich Überzeugungen, Gewohnheiten, Anhängerschaften bilden, konnte überhaupt erst wahrnehmbar werden, seit »società civile« nicht mehr mit »bürgerliche Gesellschaft« übersetzt wird. Das ist erst mit der deutschsprachigen Gesamtausgabe der *Gefängnishefte*, deren erster Band 1991 erschien, der Fall. Erst der von Gorbatschow unter dem Namen Perestroika angebahnte Versuch, Demokratie und Sozialismus zusammenzubringen, gab auch den Blick frei auf jene Spezifik von Gramscis Denken, die sich mit dem Begriff der »Zivilgesellschaft« artikuliert. Dass die »zivile« von der »bürgerlichen« Gesellschaft zu unterscheiden sei, dass ihre zivilen Errungenschaften und uneingelösten Versprechen aufgenommen und entwickelt werden müssen – dieses Bewusstsein existierte zwar, seit mit der Entkoppelung von Sozialismus und Demokratie auch die Kritik an dieser Entkoppelung auf den Plan getreten war, aber erst die Aneignung von Gramscis Begriffsarbeit öffnete die Möglichkeit, diese empfindliche Lücke im marxistischen Denken mit einem kohärenten Ansatz zu schließen.

Gramscis Begriffsgebrauch ist analytisch, nicht normativ; einmal sagt er: »rein methodisch, nicht organisch« (3/498 f.). Bei jemandem, der die Rätebewegung nicht nur aus nächster Nähe miterlebt, sondern auch aktiv gestaltet hat, überrascht es kaum, dass ihn die Frage interessiert, wie eine »subalterne« Klasse »führend« werden kann. Es muss eine ungeheuer beglückende Erfahrung der Turiner Arbeiter gewesen sein, das Kommando in der Fabrik zu übernehmen. Ausgerechnet an dem Ort, an dem sie gezwungen waren, tagaus tagein ihre Kräfte in fremdem Auftrag zu verausgaben, waren sie nun die Herren. Doch hatten sie damit, innerhalb der »robusten Struktur« der Zivilgesellschaft, nur die erste »Festung« genommen, die sie zudem bald wieder räumen mussten. – Man mag dabei an Kafkas kurze Erzählung *Vor dem Gesetz* denken, dessen Tor zwar offensteht, aber von einem Türhüter bewacht wird, der nur der erste in einer langen Reihe stets mächtigerer Türhüter ist. Schon an ihm ist kein Vorbeikommen, nicht für den Mann vom Lande, der zwar einen beharrlichen ›Stellungskrieg‹ beginnt und selbst mit den Flöhen im Pelzkragen des Türhüters ein Bündnis zu schließen versucht, am Ende aber stirbt, ohne auch nur das Geringste erreicht zu haben. Um handlungsfähig zu werden, so eine der Lehren dieser Geschichte, muss man die Isolation überwinden. Man muss sich ›vergesellschaften‹ und sich dabei bewusst werden, zu welcher Gesellschaft man gehören will, Kompromisse eingehen und Bündnisse schließen – allerdings nicht mit unberechenbaren Flöhen, deren jeweils nächster Sprung nicht vorauszusehen ist.

Wenn Gramsci immer wieder neu über Hegemonie nachdenkt, so deshalb, weil er weiß, dass die Überwindung von Subalternität, die den Mann vom Lande schon am kleinsten Hindernis scheitern lässt, einen komplizierten Lernprozess voraussetzt. Auch Subalternität ist eine Form von Gesellschaftlichkeit, in deren Re/Produktion ein Moment aktiver Freiwilligkeit eingeht.

Wie man durch den Alltagsverstand immer verschiedenen »Masse-Menschen« angehört, so auch einer »Vielzahl besonderer Gesellschaften«, denn niemand ist »unorganisiert oder parteilos [...], wenn man Organisation und Partei im weiten Sinn und nicht formell versteht« (4/814 f.). Sich heraushalten zu können und über dem Getümmel zu stehen ist die Illusion traditioneller Intellektueller. Wenn aber die Gesellschaft aus vielen ›Parteien‹ besteht, weil jedes ihrer Mitglieder de facto einer bestimmten ›Partei‹ angehört, auch wenn es keine Beiträge zahlt und keinen Mitgliedsausweis besitzt: Wie bildet sich dann der die vielen verbindende Konsens, der – jedenfalls im parlamentarischen Regime – einer bestimmten ›Partei‹ oder einer Koalition von Parteien die Regierungsbildung erlaubt?

»In dieser Vielzahl besonderer Gesellschaften [...] überwiegen eine oder mehrere relativ oder absolut, indem sie den hegemonialen Apparat einer gesellschaftlichen Gruppe über den Rest der Bevölkerung (oder Zivilgesellschaft) [...], Basis des im engen Sinn als Regierungs- und Zwangsapparat verstandenen Staates« (815), bilden. Daher sagt Gramsci auch, dass sich die Einheit der führenden Klassen, die ihre Führungsposition begründet, »im Staat« herstellt. In der Tat ist es erstaunlich, wie die im Wahlkampf noch unversöhnlich auftretenden Parteien im Prozess der Regierungsbildung zu ›einvernehmlichen‹ Positionen gelangen und die unter Beweis gestellte Kompromissfähigkeit als Reifezeugnis politischer Kompetenz präsentieren. Doch ist die Regierung in dem die politische und Zivilgesellschaft umspannenden Netz nur ein Knotenpunkt neben vielen. Die Rede von der Einheit, die sich »im Staat« herstellt, zieht einen komplexen Vorgang ins Kurze zusammen. Die Einheit ist Resultat einer Verknüpfungstätigkeit (Laclau/Mouffe würden sagen: einer Artikulation), die das Netz ergibt, die hegemoniale Konstruktion. Freilich gilt dann auch für die subalternen Klassen, dass sie ihre Einheit erst erringen, wenn sie »›Staat‹ werden können: ihre Geschichte ist deshalb verwoben in die der Zivilgesellschaft« (9/2195). Zivilgesellschaft, politische Gesellschaft (der »integrale« Staat), Hegemonie, Konsens und Zwang – man hat hier das gesamte Begriffsspiel versammelt, das es erlauben soll, die Hegemoniefrage, die Frage aller Fragen, möglichst konkret zu stellen, also die auf den ersten Blick einfache Frage, wie eine subalterne Gruppe führend werden kann. Die Frage ist einfach, aber die Antworten müssen je nach geschichtlicher Konstellation immer neu gegeben werden.

Wer in einem parlamentarischen Regime ohne Staatsstreich an die ›Regierung‹ kommen will, muss sich, ausgehend von der Zivilgesellschaft, in die Strukturen der politischen Gesellschaft hinaufarbeiten. Gramsci spricht daher von der Zivilgesellschaft als der »Basis« der politischen Gesellschaft. Dann aber heißt es, Zivilgesellschaft und politische Gesellschaft seien »im konkreten historischen Leben [...] ein und dasselbe« (3/499), und nur wenige Zeilen weiter spricht er wiederum davon, dass, um »herrschend zu werden«, eine subalterne Gruppe »die ökonomisch-korporative Phase« überwinden muss, »um sich zur Phase politisch-intellektueller Hegemonie in der Zivilgesellschaft zu erheben und in der politischen Gesellschaft herrschend zu werden« (ebd.). Wie nun? Sind das Widersprüche, Ungereimtheiten, Zweideutigkeiten, die dem vorläufigen Charakter dieser Notizen geschuldet sind? Das mag eine Rolle spielen, aber nur eine untergeordnete. Es ist nützlich, sich immer wieder vor Augen zu führen, dass Zivilgesellschaft und politische Gesellschaft hier nicht als Substanzen gefasst sind. Sie bezeichnen Dimensionen, deren Unterscheidung deshalb nicht weniger wichtig ist. Um sich in der komplexen politischen Wirklichkeit geschickt zu bewegen, muss man fähig sein, solche Unterschiede zu machen. Die Begriffe sind Werkzeuge, um ein Werkstück anzufassen. Das Werkstück aber ist die Wirklichkeit, die nicht stillsteht. In ihr muss »der Mensch die [...] Wirklichkeit und Macht, Diesseitigkeit seines Denkens beweisen« (*Thesen über Feuerbach*, MEW 3, 5).

4.4 Keine Hegemonie ohne Katharsis

Die eben zitierte Stelle, an der von »politisch-intellektueller Hegemonie« die Rede ist, ersetzt Gramsci bei der Überarbeitung durch »politisch-ethische Hegemonie« (7/1566). Er scheut sich auch nicht, von einem »ethischen Staat« zu sprechen. Ist das nicht ein Oxymoron, eine rhetorische Figur also, bei der das Adjektiv dem Substantiv widerspricht und die in der Dichtung ihren Ort haben mag, aber nicht in der politischen Theorie? Ja, er sagt sogar, jeder Staat sei »ethisch«, insofern eine seiner »wichtigsten Funktionen« in der Hebung des kulturellen und moralischen Niveaus der »großen Masse der Bevölkerung« besteht, worauf neben Schule und Gerichten eine »Vielzahl anderer sogenannter privater Aktivitäten und Initiativen« abzielt (5/1043). »Aber in Wirklichkeit«, fährt er fort, »kann einzig die gesellschaftliche Gruppe, die das Ende des Staates und ihrer selbst als zu erreichendes Ziel setzt, einen ethischen Staat schaffen.« (1044) Eine gesellschaftliche Gruppe, die dieses Kunststück fertiggebracht hätte, ist freilich bislang nicht aufgetreten. Dennoch nimmt Gramsci diesen Punkt sehr ernst, so sehr, dass er dafür einen von Aristoteles für die sozialintegrative Funktion des Theaters in der griechischen Polis ausgearbeiteten Begriff verwendet: Katharsis (von gr. *kathaíro*, reinigen). Wo die Klassengegensätze das Gemeinwesen zu zersetzen drohten, bedurfte es einer Reinigung von dem, was die Menschen voneinander trennte. Indem vor aller Augen gezeigt wurde, dass das Unglück alle betreffen kann, gerade auch die Herrschenden, wurde eine rituelle

Versöhnung praktiziert, die die Fortexistenz der Klassengegensätze möglich machte.

Gramsci überführt diesen rituellen Reinigungsvorgang in seine Problematik: Die gesellschaftliche Gruppe, die ›führend‹ werden will, muss fähig sein, im Raum der Zivilgesellschaft ins Ringen um Hegemonie einzugreifen. Er nennt das »den Übergang vom bloß ökonomischen (oder leidenschaftlich-egoistischen) Moment zum ethisch-politischen Moment« (6/1259). Wenn Lenin das politische Klassenbewusstsein nicht unmittelbar auf ökonomischem Boden, sondern aus der Sphäre der »Wechselbeziehungen zwischen *sämtlichen* Klassen« bzw. der Beziehungen »*aller* Klassen und Schichten zum Staat und zur Regierung« erwachsen sieht (LW 5, 436), so entwickelt Gramsci diese anti-ökonomistische Einsicht dahingehend weiter, dass der Übergang einer Klasse von der korporatistischen zur hegemonialen Phase eine Katharsis ihrer Gruppenegoismen erfordert.

Gramscis Rede vom »ethisch-politischen Moment« knüpft an Croces »Annäherung der beiden Ausdrücke *Ethik* und *Politik*« in dessen Geschichtsschreibung an – eine Annäherung, die Gramsci wiederum in seine eigenen Begriffe ›übersetzen‹ kann: »*ethische Geschichte* ist die zur ›Zivilgesellschaft‹, zur Hegemonie in Wechselbeziehung stehende Seite der Geschichte; *politische Geschichte* ist diejenige Seite der Geschichte, die der staatlich-regierungsmäßigen Initiative entspricht« (4/866). In einem Brief vom 6. Juni 1932 an Tanja Schucht formuliert er, was Croces Ausdruck »Religion der Freiheit« bedeutet, nämlich »Glaube an die moderne Zivilisation, die keine Transzendenzen und Offenbarungen nötig hat, sondern in sich selbst ihre eigene Vernünftigkeit und ihren Ursprung hat. [...] Für Croce ist jede Weltauffassung, jede Philosophie, insofern sie zur Lebensnorm, zur Moral wird, ›Religion‹.« (GB III, 278) Auch Croce verfolgt also ein integrales Konzept von ›Geschichte‹, das nicht nur den Staat im engeren Sinn im Blick hat, sondern »die Aufmerksamkeit energisch aufs Studium der Tatsachen der Kultur und des Denkens als Elementen politischer Herrschaft gelenkt hat, auf die Funktion der großen Intellektuellen im Leben der Staaten, aufs Moment der Hegemonie und des Konsenses als notwendiger Form des konkreten geschichtlichen Blocks« (6/1228).

Doch indem Croce seine *Geschichte Europas im 19. Jahrhundert* mit dem Sturz Napoleons beginnen lässt, bleibt der »Bewegungskrieg«, der die Französische Revolution und die Napoleonischen Kriege waren (1243), ausgeblendet. Croce sieht also »vom Moment des Kampfes ab, in dem die Struktur hervorgebracht und modifiziert wird, und geruhsam nimmt er als Geschichte das Moment der kulturellen Ausdehnung oder das ethisch-politische Moment« (1226 f.). Indem er nur die »Religion der Freiheit« (so der Titel des ersten Kapitels von Croces Buch) im Blick hat, isoliert er das Moment des »Bewegungskrieges« von dem des darauf folgenden »Stellungskrieges«, das Moment der aktiven Revolution unter Beteiligung der Volksmassen vom Moment der »passiven Revolution« (1226), in der die »führende Klasse« gerade verhindert hat, dass »die neue Konstruktion [...] von unten« entspringt, »insofern eine ganze nationale Schicht, die ökonomisch und kulturell niedrigste, an einer radikalen historischen Tatsache teilnimmt, die das gesamte Leben des Volkes betrifft und jeden einzelnen rücksichtslos vor seine eigenen unausweichlichen Verantwortlichkeiten stellt« (4/828). Dass Croce die fehlende Teilhabe der »ökonomisch und kulturell niedrigsten« Schicht an der Ausarbeitung des kulturellen und staatlichen Lebens nicht zum Problem wird, zeigt eben, dass er seine »Religion der Freiheit« nur für eine »kleine Zahl von Intellektuellen« (6/1245) konzipiert; er macht zwar der Religion »keinerlei intellektuelles Zugeständnis«, doch er findet es richtig, dass in den Grundschulen, die von den Kindern besucht werden, Religionsunterricht erteilt wird. Daraus schließt Gramsci, dass seine Weltauffassung sich nicht in »›populare‹ Ausdrücke [...] übersetzen« lässt (1234), dass ihr die »›Expansivität‹ in die großen Massen« fehlt (1246). Sie bleibt beschränkt auf eine »bestimmte gesellschaftliche Gruppe« (1234). Croce entgeht damit die Dialektik seiner »Geschichte der Freiheit«, in der die weite Bedeutung von freiheitlich bzw. »liberal« zum Ausdruck einer bestimmten »Strömung«, einer »Partei« geworden ist und damit zu einem »Mittel der Konservierung partikularer politischer und ökonomischer Einrichtungen« (1244); eine Dialektik, die die Frage aufwirft, was denn jeweils konkret Freiheit bedeutet, etwa für die großen bäuerlichen Massen, deren Wünsche nach einer Agrarreform »keine zentralisierte Partei« hatten und die, statt »Gläubige der Religion der Freiheit« zu werden, sich aus der Vormundschaft der traditionellen Intellektuellen nicht befreien konnten und folglich in ihrem »barbarischen Aberglauben« verharren mussten (1245).

Die Freiheit, deren Herold Croce ist, ist die einer bestimmten Gruppe, die »führend« geworden ist und ein von Zustimmung getragenes Konzept des gesellschaftlichen Lebens entwickelt hat. Sie hat, als »führende«, den kathartischen Übergang vom »ökonomischen zum ethisch-politischen Moment« (1237) also geschafft, doch das Volk wird im Zustand der »servilen Masse« (1246), »in der ›Wiege‹« gehalten (1237). Das eine schließt das andere nicht aus. Die »Transformation der untergeordneten Gruppe in eine herrschende« (7/1567) bedeutet nicht automatisch, dass die »kulturelle Hebung der niedergedrückten Elemente der Gesellschaft« (5/957) auch zum Programm der nun »führenden« Gruppe gehört. Zwar setzt die »Tatsache der Hegemonie [...] voraus, dass den Interessen und Tendenzen der Gruppierungen, über welche die Hegemonie ausgeübt werden soll, Rechnung getragen«, dass also ein »Opfer« gebracht wird, aber diese Opfer können nicht »das Wesentliche« betreffen, nämlich die »Funktion [...], welche die führende Gruppe im [...] Kernbereich der ökonomischen Aktivität ausübt« (ebd.).

Der Gedanke des »hegemonialen Opfers« mit dem »scheinbaren Paradox, dass die Führungsmacht sich den Geführten in gewisser Hinsicht unterordnen muss«, setzt eben die »Katharsis« voraus, »das heißt die Überwindung des rohen Gruppenegoismus der Herrschenden und das ›Opfer‹, mit dem sie den ›Kompromiss‹ besiegeln müssen, um zu einem relativen ›Gleichgewicht‹ im Ungleichgewicht der Mächte zu gelangen« (Haug 2012, 190 f.). Das Opfer wird gebracht, um die eigenen Reihen zu stärken, um die eigenen Anliegen als allgemeine vertreten zu können. Um eine gesellschaftlich führende Rolle zu erlangen, muss das politisch-ethische Projekt einer Gruppe oder Klasse von korporatistischen Gruppeninteressen gereinigt und in eine Form gebracht werden, die einen zumindest partiell klassenübergreifenden Konsens findet.

›Hegemonie‹ ist ein vieldeutiger Vorgang, immer in Bewegung, weil nur im Vollzug existierend. Sie kann sich auf das Erbringen eines Opfers beschränken, um den eigenen bornierten Interessen das sie tragende Prestige zu sichern; sie kann aber auch glückende Politik vom Standpunkt der Subalternen bedeuten, Schaffung des »ethischen Staats«, der »regulierten Gesellschaft«, in der das Element Staat-Zwang immer mehr von der Zivilgesellschaft absorbiert wird. Der (Neo-)Liberalismus ist an einem ›schmalen Staat‹ nur insofern interessiert, als die herrschende Organisation der ökonomischen Aktivitäten, abgesichert durch die repressiven Staatsapparate, der Initiative ihrer Anhänger freie Bahn garantiert. Die Subalternen aber sind daran interessiert, weil die Initiative, die sie meinen, sich nicht auf Bereicherung beschränkt, die Zivilgesellschaft nicht mit den ökonomischen Aktivitäten identifiziert wird, sondern ausgreift auf das, was Gramsci mit der schönen Formulierung zum Ausdruck bringt:

»das staatliche Leben ›spontan‹ werden lassen« (5/1017). Das berührt sich mit Rosa Luxemburg, die im Blick auf die Oktoberrevolution den Umschlag der »Diktatur des Proletariats« in die »Diktatur einer Handvoll Politiker« vorausgesehen hat, wenn »die Schule des öffentlichen Lebens selbst« – also die Zivilgesellschaft – unentwickelt bleibt (*Zur russischen Revolution*, GW 4, 362).

4.5 Machiavelli und der popular-nationale Kollektivwille

Von Machiavelli weiß man, wenn man auch sonst nichts weiß, dass er ein Prophet ungeschminkter Machtpolitik war. Was Moral und Gewissen verbieten, wird von diesem Zyniker als besonders wirksam empfohlen. Verrat, Lüge und Mord – nichts ist tabu, wo es darum geht, an die Macht zu kommen oder sie zu behalten. Die Rede von Treue, Freundschaft und Zuverlässigkeit – der Diplomat in Diensten der Republik Florenz wusste, was im Ernstfall davon zu halten war. Der im Feuer oft monatelang dauernder Missionen an fremden Höfen gehärtete Mann sprach freilich nur aus, was herrschende Praxis war. Doch nur ein Machiavelli war eben in der Lage, seine Erfahrungen in eine Sprache und literarische Form zu bringen, die ihnen bis heute eine beispiellose Wirkung sichern. Die ›Anti-Machiavellisten‹ unter den Machtpolitikern haben es ihm nicht verziehen, brauchten sie doch den Schleier über ihrem skrupellosen Handeln, den ihnen Machiavelli weggezogen hatte.

Ein anderer Machiavelli kommt in den Blick, wenn man das knapp hundert Seiten umfassende Heft Gramscis liest. Ein Wissenschaftler taucht auf, der im »Stil eines Mannes der Tat« schreibt (7/1575) und der zugleich ein »Politiker in Aktion« ist, der »das ›Sein-Sollen‹« (1555) nicht aus den Augen verliert. Doch was heißt hier »Sein-Sollen«? Erinnert man sich daran, dass es für ihn darauf ankommt, die Aufmerksamkeit »gewaltsam auf die Gegenwart« zu lenken, »wenn man sie verändern will«, ist Gramscis Antwort wenig überraschend. Es kommt also darauf an, »ob das ›Sein-Sollen‹ ein willkürlicher oder notwendiger Akt ist, ob es konkreter Wille oder Anwandlung, Wunsch, Schwärmerei ist«, ob Pessimismus des Verstandes und Optimismus des Willens in ein produktives Verhältnis zueinander gebracht sind. Gramsci zufolge ist das bei Machiavelli, der die Politik als eine »autonome Tätigkeit« (1574) konzipiert, beispielhaft der Fall. Weder schaffe er »aus dem Nichts heraus«, noch bewege er sich »in der trüben Leere seiner Wünsche und Träume« (1555).

»Er gründet sich auf die faktische Wirklichkeit, aber was ist diese faktische Wirklichkeit? Ist sie vielleicht etwas Statisches und Unbewegliches, oder nicht eher ein Kräfteverhältnis in ständiger Bewegung und Gleichgewichtsverlagerung? Den Willen darauf zu verwenden, ein neues Gleichgewicht der wirklich existierenden und wirkenden Kräfte zu schaffen, sich dabei auf die bestimmte Kraft, die man für progressiv hält, stützend und sie stärkend, um sie triumphieren zu lassen, heißt immer, sich auf dem Boden der faktischen Wirklichkeit zu bewegen, aber um sie zu beherrschen und zu überwinden (oder dazu beizutragen). Das ›Sein-Sollen‹ ist folglich Konkretheit, ja es ist die einzige realistische, historizistische Interpretation der Wirklichkeit, ist allein Geschichte in Aktion und Philosophie in Aktion, allein Politik.« (Ebd.)

Was man verändern will, muss man genau kennen. Die Wirklichkeit, wie sie sich in einem bestimmten Moment darstellt, ist immer die Resultante von Kräften, die unaufhörlich aufeinander einwirken. Wenn sich nichts bewegt, dann nicht deshalb, weil diese Kräfte verschwunden wären, sondern weil sie sich in ihrer jeweiligen Wirkung neutralisieren. In der Politik ist die Frage der Kräfteverhältnisse entscheidend. Anders als eine aktionistische, nur das Verändern im Blick habende Auffassung der 11. Feuerbachthese[16] es will, sind das Interpretieren und das Verändern nicht voneinander zu trennen. Die, wie Gramsci sagt, »realistische, historizistische Interpretation der Wirklichkeit« ist die Voraussetzung, um die Dinge in Bewegung zu bringen – in Richtung der Kraft, »die man für progressiv hält«. Dass man sich irren kann, wird nicht ausgeschlossen; so wenig wie die Fähigkeit, Irrtümer zu korrigieren. Nicht zufällig endet das obige Zitat in einer der für Gramsci typischen Reihungen, in denen die Bewegung nachgebildet wird, die das Sein in Richtung des Sein-Sollens zu verschieben versucht, sodass Interpretation der Wirklichkeit, Geschichte, Philosophie, Politik nur Durchgangspunkte in ein und demselben Prozess sind.

Machiavelli ist damit nicht nur der Begründer einer neuen Wissenschaft von der Politik, sondern einer »gesamten Weltauffassung« (7/1574), in der die »virtù« (Tugend), verstanden im weiten Sinne des zielstrebigen und entschlossenen Handelns, den Wechselfällen der »fortuna« aktiv zu begegnen vermag, denn diese zeigt ihre Macht nur dort, »wo es an der Kraft des Widerstands fehlt« (Machiavelli, *Der Fürst*, Kap. 25). Er ist der Initiator einer »Reform der Gewohnheiten«, wie es schon bei Francesco de Sanctis heißt (1879, II, 67), dessen »kämpferische, nicht ›kalt‹ ästhetische« Literaturgeschichtsschreibung Gramsci geschätzt hat (9/2107). Vor allem hat man Machiavelli nicht verziehen, dass er das Volk als politisches Subjekt konzipiert – dieses Volk, das sein der Aristokratie entstammender Zeitgenosse Francesco Guicciardini noch als ein »verrücktes Tier« (animale pazzo) bezeichnet (*Ricordi*, Nr. 140) und das folglich nichts anderes als Objekt repressiver Politik sein kann, die es sich unterordnet. Das Volk ist »weiser und beständiger als ein Alleinherrscher«, heißt es dagegen in Machiavellis *Discorsi* (Buch I, Kap. 58). Während das Volk Argumenten zugänglich sei, helfe gegen einen schlechten Alleinherrscher nur der Dolch. Machiavellis »virtù« ist, im Gegensatz zu einer Interpretation, die sie auf bloß militärische Tüchtigkeit reduziert, eine »soziale Institution« (Fontana 1993, 134). Machiavelli wendet sich gegen Söldnertruppen, die den Krieg als Handwerk gegen Bezahlung betreiben, und setzt sich für die Schaffung einer Miliz ein, um »die Bauern an sich zu binden« (Gef, 1/104). Ein Anführer, der über ein Volksheer verfügt, das sein Gemeinwesen verteidigt, brauche keine »Festungen«, weil »die beste Festung, die es gibt«, diejenige sei, »beim Volk nicht verhasst zu sein« (*Der Fürst*, Kap. 20).

Machiavelli predigt dem Fürsten also keineswegs nur Gewalt, Lüge und List. Er bringt im Gegenteil den Gesichtspunkt der auf freiwilliger Zustimmung beruhenden Hegemonie zur Geltung. Gramsci hebt diesen Zusammenhang hervor und verbindet ihn mit seinem Grundgedanken, dass das Sich-Herausarbeiten aus Subalternität als Aktivität der Sich-Herausarbeitenden selbst konzipiert werden muss. »Jede Formierung eines popular-nationalen Kollektivwillens ist unmöglich, wenn die großen Massen der produzierenden Bauern nicht *gleichzeitig* ins politische Leben eingreifen. Das beabsichtigte Machiavelli durch die Reform der Miliz, das taten die Jakobiner in der Französischen Revolution, in diesem Verständnis ist ein vorzeitiger Jakobinismus Machiavellis auszumachen, der (mehr oder weniger fruchtbare) Keim seiner Auffassung von der nationalen Revolution.« (7/1539) Die Formierung eines popular-nationalen Kollektivwillens – das ist der rote Faden, der Gramscis zu regelrechten Aufsätzen ausgearbeitete Notizen zu Machiavelli durchzieht und diese historische Gestalt mit der Gegenwart verbindet.

Machiavellis berühmte Abhandlung ist für Gramsci ein »›lebendiges‹ Buch«, dessen »künstlerische Form« dieser Lebendigkeit zudem Rechnung trägt, indem sie den »Bildungsprozess eines bestimmten Kollektivwillens im Hinblick auf ein bestimmtes politisches Ziel [...] als Qualitäten, Charakteristika, Pflichten und Notwendigkeiten einer konkreten Person« präsentiert (7/1535). Zwar hat es diese Person nicht in der Wirklichkeit gegeben, doch ist sie eine »lehrhafte Abstraktion«, die ins Bewusstsein rückt, »wie der Fürst sein muss, um ein Volk zur Gründung des neuen Staates zu führen« (ebd.). Was kann die Gegenwart von dieser Abstraktion lernen? Der »moderne Fürst«, so Gramsci, könne »kein konkretes Individuum sein, er kann nur ein Organismus sein; ein komplexes Gesellschaftselement, in welchem ein Kollektivwille schon konkret zu werden beginnt, der anerkannt ist und sich in der Aktion teilweise behauptet hat. Dieser Organismus ist durch die geschichtliche Entwicklung bereits gegeben und ist die politische Partei« (1537), eine Partei freilich, die sich dadurch auszeichnet, dass sie den popular-nationalen Kollektivwillen »wachzurufen« und zu organisieren versteht (1538), indem sie ihn als die »Frage einer intellektuellen und moralischen Reform«[17] artikuliert.

Diese Redeweise verwendet Gramsci des Öfteren, weil sie zusammenhält, was uns in den zerrissenen gesellschaftlichen Verhältnissen immer wieder spontan auseinanderfällt: Auch das Denken ist ein Verhalten; die in Machiavellis Schriften entwickelte Auffassung von der Politik als einer autonomen Tätigkeit erneuert »implizit die Auffassung von der Moral und von der Religion [...], das heißt, die gesamte Weltauffassung« (7/1574). Gramsci spricht an dieser Stelle sogar von einer »intellektuellen und moralischen Revolution, deren Elemente in Machiavellis Denken *in nuce* enthalten« seien, auch wenn diese noch nicht zur Ausführung gelangt ist, d.h. »es nicht geschafft hat, ›Alltagsverstand‹ zu werden« (ebd.). Von hier aus formuliert Gramsci die Aufgabe, die der »moderne Fürst« lösen muss: Er »muss und kann nichts anderes als der Verkünder und Organisator einer intellektuellen und moralischen Reform sein, was schließlich bedeutet, das Terrain für eine Weiterentwicklung des popularen nationalen Kollektivwillens zu bereiten, um zu einer höheren und totalen Form moderner Zivilisation zu kommen« (1539 f.). Die dem »modernen Fürsten« eigene Reform muss – anders als bei Benedetto Croce und Ernest Renan – insofern eine »höhere und totale« sein, als sie die »zivile Hebung der niedergehaltenen Schichten der Gesellschaft« anstrebt, was wiederum nur möglich ist, wenn sie sich zu einer »ökonomischen Reform« entwickelt, die eine substanzielle »Veränderung in der gesellschaftlichen Stellung« eben dieser Schichten bewirkt (1540).

Zivile Hebung – das ist nichts, was von außen verordnet werden könnte. Selten ist in neuerer Zeit besser zum Ausdruck gekommen, was damit gemeint ist, als bei der großen Demonstration am 4. November 1989 auf dem Berliner Alexanderplatz. »Lasst uns auch lernen, zu regieren«, sagte der Schriftsteller Stefan Heym in seiner Rede. »Die Macht gehört nicht in die Hände eines einzelnen oder ein paar weniger oder eines Apparats oder einer Partei. Alle müssen teilhaben an dieser Macht, und wer immer sie ausübt und wo immer, muss unterworfen sein der Kontrolle der Bürger.« (1990, 288) Um das Regieren zu lernen und die Teilhabe aller zu organisieren, muss eben das »gesamte System intellektueller und moralischer Verhältnisse« umgestürzt werden (7/1540). Die eine Partei, die in dem Wahn, alles kontrollieren zu müssen, schließlich die Kontrolle verlor – das war nicht die Partei, die Gramsci im Sinn hatte und die er mit der Metapher des »modernen Fürsten« bezeichnete. Er dachte an eine »Partei«, weil die Formierung des popular-nationalen Kollektivwillens für ihn nicht ohne diese in einem parlamentarischen Regime unverzichtbare Institution politischer Willensbildung vorstellbar war. Aber er dachte nicht an den Typus der Kommunistischen Partei, wie er nach 1945 im Einflussbereich der Sowjetunion an die Macht gekommen ist mit der Tendenz, die Willensbildung nach innen in letzter Instanz doch wieder an einen Fürsten – den Generalsekretär – zu delegieren und nach außen einen Alleinvertretungsanspruch nicht nur zu erheben, sondern regelrecht zu institutionalisieren, um im Zweifelsfall als Unterdrückungsmacht auftreten zu können.

4.6 Exkurs: Was wird aus dem Partei-Begriff?

Alle müssen teilhaben. Aber »alle« ist eine Abstraktion. Konkret zerfällt das »alle« in die verschiedenen »Masse-Menschen«, mit unterschiedlichen, ja gegensätzlichen Interessen. Und was tun, wenn gar ein organisierendes Zentrum der Linken fehlt? Wolfgang Fritz Haug, der 1981 diese Frage für die BRD stellte – zu einem Zeitpunkt, als die »Neuen Sozialen Bewegungen« auf den Plan getreten waren und die Partei »Die Grünen« ihre ersten Gehversuche auf politischem Terrain machte –, entwickelte den Gedanken einer »strukturellen Hegemonie«, d.h. einer »hegemonialen Struktur ohne klassischen Hegemon« (1985, 172). Er versuchte damit einer politischen Realität Rechnung zu tragen, die selbst in Italien die am klassischen Hegemon der Arbeiterbewegung orientierte Kommunistische Partei in die Krise gebracht hatte. Nicht die Bedeutung von »Arbeiterparteien« überhaupt, aber doch »jene totalisierende Auffassung der Partei als eines Organismus, der den Anspruch erhebt, das gesamte Spektrum politischer Erfahrungen in sich aufzunehmen«, war »ins Wanken« geraten (Pietro Ingrao, zit.n. ebd., 170). Wie aber sollte einem ganzen Spektrum unterschiedlicher, gar widersprüchlicher Auffassungen in einem politischen Projekt Ausdruck und Stimme gegeben werden? Musste das *eine* historische Subjekt der Befreiung, das bisher allein den Ton angegeben hatte, dann nicht durch einen »Pluralismus von Subjekten« ersetzt werden, wie

Chantal Mouffe und Ernesto Laclau verlangten? Zwar hielten sie die Arbeiterklasse, Anfang der 1980er Jahre, noch für eine »entscheidende Kraft«, machten deren Erfolg aber abhängig von »ihrer Fähigkeit, ein politisches Projekt zu entwickeln, das von den anderen demokratischen Subjekten als fundamental für die Verwirklichung ihrer eignen Forderungen anerkannt werden kann« (Laclau/Mouffe, zit.n. ebd., 171 f.). Haug räumt ein, dass die Frage einer »strukturellen Hegemonie« vielleicht nur die »bange Frage« ist, »wie ›schwache‹ Kräfte trotz ihrer Schwächen Politik machen können« (172). Doch selbst wenn die Kräfte erstarken, es werden immer Kräfte im Plural sein, deren Organisierung die Kunst verlangt, sie so miteinander zu »artikulieren« (also zu verknüpfen und ihnen dadurch eine eigene Stimme zu geben), dass sie handlungsfähiger werden.

Dreißig Jahre später arbeitet Mimmo Porcaro mit dem Begriff der »verbindenden Partei« (partito connettivo), um sowohl dem Scheitern des Avantgardemodells Rechnung zu tragen wie auch der Notwendigkeit, »die Kunst der politischen Führung« nicht zu vernachlässigen (2011, 33). Auch wenn, wie die globalisierungskritische Bewegung gelehrt habe, »niemand das ›absolute gesellschaftliche Wissen‹ besitzt«, bedürfe es doch der »politischen Führung der anti-neoliberalen ›Front‹«, freilich »stets in Abstimmung mit einer breiten Führungsgruppe« (33 f.). Jan Rehmann knüpft an dieses Konzept an und stimmt Porcaro in dem Punkt zu, dass eine »›gradualistische‹ Gramsci-Interpretation«, die »›zuerst‹ die Zivilgesellschaft und dann die Hauptquartiere des Kapitals und des Staats« besetzen wollte, »letztere überhaupt aus dem Auge verloren hat« (2013, 142). Doch Porcaros Umkehrschluss, man müsse zum »Bewegungskrieg« zurückkehren und, statt sich im Grabensystem der Zivilgesellschaft zu verlaufen, die »Hauptquartiere des Kapitals« erobern (Porcaro 2013, 138), hält Rehmann für falsch, weil für Gramsci das Ausnutzen des in einer Hegemoniekrise entstandenen »günstigen Bodens« gerade »Aufgabe eines Stellungskriegs« sei (2013, 143). Die Extreme berühren sich, das gilt auch hier. Der Reformismus bekommt das Grabensystem so wenig in den Blick wie der Radikalismus: Wer im Graben sitzt, sieht nicht in die Weite; wer im Flug darüber hinwegsetzt, sieht nicht in die Nähe. Auf die Mühen der Berge folgen die Mühen der Ebene, heißt es bei Brecht. Um die »gründliche« Untersuchung dessen, »welches die Elemente der Zivilgesellschaft sind, die den Verteidigungssystemen im Stellungskrieg entsprechen« (7/1590), kommt man nicht herum.

5. »Der neue Industrialismus will die Monogamie« – Amerikanismus und Fordismus

Gramsci war nie in Amerika. Dennoch gehören seine Materialanalysen zur fordistischen Produktionsweise und zum Amerikanismus[18] zum Originellsten, was über die Herausbildung neuer Arbeits- und Lebensweisen bis heute gedacht und geschrieben worden ist. Die aus Büchern, Zeitschriften, Briefen und Gesprächen gesammelten Daten setzt Gramsci zu einem facettenreichen Porträt der geschichtlichen Dynamik zusammen. Dabei fügen sich die Rationalisierung der Arbeit und die Lohnentwicklung in den USA sowie eine Vielzahl thematischer Splitter zu Frauenbild, Psychoanalyse, Sexualität oder Alkoholverbot zum Bild einer umkämpften gesellschaftlichen Transformation, die Gramsci aus der historischen Notwendigkeit hervorgehen sieht, »vom alten ökonomischen Individualismus zur programmatischen Ökonomie« zu gelangen – »ein fortschrittlicher Versuch« zwar, der jedoch von oben her, über Initiativen der Unternehmer, »die subalternen Kräfte [...] den neuen Zielen gemäß ›manipuliert‹ und rationalisiert« (9/2063), anstatt das Rationalisierungspotenzial durch eine aktivierende Freisetzung der Arbeiter aus ihrer subaltern beschränkten und beherrschten Position im Produktionsprozess zu gewinnen. Dass Gramsci auf diese widersprüchliche Form der Modernisierung in Amerika schon in den 1920er Jahren aufmerksam wird und ihr in den *Gefängnisheften* eine wegweisende Analyse widmen kann, die er 1934 in der Klinik von Formia überarbeitet und zu einem eigenen Themenheft »Amerikanismus und Fordismus« (Heft 22) zusammenzieht, hängt eng mit zwei Grundmotiven seines Denkens zusammen, die wir zunächst näher betrachten wollen: das Überschreiten provinzieller Schranken, weil es »die Aufgabe jeder geschichtlichen Inititative [ist], die Kultur auf einem Niveau homogen zu machen, das höher ist als das vorhergehende« (6/1487); und das ›Übersetzen‹, dem Gramsci eine mehrdimensionale Bedeutung verleiht.

5.1 Überschreiten und Übersetzen

Der »Versuch der Überwindung einer rückständigen Lebens- und Denkweise« (7/1735) stellt ein wiederkehrendes Motiv in Gramscis Biografie dar. Aufbauend auf seine »regionale und ›dörfliche‹« Herkunft, erarbeitete er sich als Turiner Arbeiterführer eine »nationale Lebens- und Denkweise«, die wiederum der Ausgangspunkt war, um »sich europäischen Lebens- und Denkweisen einzuordnen« und sich als Teil einer internationalen Bewegung zu sehen. Dieser Prozess des Sich-Herausarbeitens aus den zufälligen und beschränkten Verhältnissen der Herkunft musste nach Gramscis eigener Einschätzung »um so klarer hervortreten, als er von einem ›dreifachen oder vierfachen Provinzler‹, der ein junger Sarde vom Anfang des Jahrhunderts gewiss war, erfahren wurde« (1736). Tatsächlich stellt sich in diesem Fall das Problem der Entprovinzialisierung in seiner grundlegendsten Form, nämlich bereits auf der Ebene sprachlicher Verständigung:

»Wer nur Dialekt spricht oder die Nationalsprache in unterschiedlichen Graden versteht, hat notwendig teil an einer mehr oder minder beschränkten und provinziellen, zum Fossil gewordenen Intuition der Welt, die anachronistisch ist im Vergleich zu den großen Gedankenströmungen, welche die Weltgeschichte beherrschen. Seine Interessen werden beschränkt sein, mehr oder minder korporativ oder ökonomistisch, nicht universell.« (6/1377)

Damit geht für Gramsci aber nicht etwa eine generelle Entwertung des Lokalen und Peripheren einher; vielmehr behält es seine unverwechselbare Gültigkeit als Basis für die weitere Entwicklung. Noch aus dem Gefängnis rät Gramsci seiner Schwester Teresina, den Sohn Franco in der sardischen Muttersprache aufzuziehen: »Ich habe es für einen Fehler gehalten, dass ihr Edmea als kleines Kind nicht ungehemmt sardisch habt sprechen lassen. Das hat ihrer geistigen Entwicklung geschadet und ihrer Phantasie eine Zwangsjacke angelegt.« (LC, 64; zit.n. Fiori 1979, 241) Da das gesprochene Italienisch des sardischen Kleinbürgertums »eine Fremdsprache war und daher nur unvollkommen beherrscht wurde« (Bochmann 1999, 163), besteht Gramsci darauf, die Kinder zunächst »so ›sardisch‹ werden zu lassen, wie sie wollen, und ihrer spontanen Entwicklung in der natürlichen Umwelt, in der sie geboren sind, nichts in den Weg zu stellen« (ebd.). ›Entprovinzialisierung‹ als dialektischer Prozess ist nichts, was im Handstreich zu erreichen wäre. Sie verlangt ein permanentes Ringen darum, beschränkte Sichtweisen zu überschreiten – bei Strafe des Versauerns in Ressentiments und Chauvinismus, wenn dieser unabschließbare Lernprozess blockiert wird. Das gilt allerdings nicht nur für das Individuum, sondern ebenso für Kollektive wie Zeitungen, Parteien oder andere Gruppen. Die Herausbildung eines »progressiven Selbstbewusstseins« (6/1384) bildet ein Leitmotiv auch von Gramscis gesamter politischer und kultureller Arbeit als organischer Intellektueller der Arbeiterbewegung. Erst von daher wird verständlich, dass er es als »eine der drängendsten Notwendigkeiten der italienischen Kultur« erkennt,

»sich auch in den fortgeschrittensten und modernsten städtischen Zentren zu entprovinzialisieren« (7/1736); eine Aufgabe, der er sich schon als junger Redakteur stellt, indem er durch intensive Übersetzungs- und Vermittlungstätigkeit dem Turiner Arbeiterpublikum zahlreiche internationale Quellen, Autoren und Beiträge erschließt.

Um Erweiterung seiner Fremdsprachenkenntnisse hat sich Gramsci zeitlebens bemüht. Auf der Insel Ustica, wohin er Ende 1926 zunächst verbannt worden war, verbesserte er neben den Kenntnissen des Russischen mit der Lektüre von *Max und Moritz* auch die des Deutschen, und später im Gefängnis verkündete er nicht ohne Stolz »rasche Fortschritte beim Lesen des Englischen« (GB III, 94). Nachdem er im Januar 1929 endlich die Erlaubnis erhalten hatte, in der Zelle zu schreiben, stellte er zunächst die eigenen Projekte zurück und berichtete seiner Schwägerin Tanja: »Im Augenblick mache ich nur Übersetzungen, um mich wieder einzuüben, und bringe dabei Ordnung in meine Gedanken.« (GB II, 221) In der Zelle übertrug er kürzere Texte von Tolstoi und anderen Erzählern aus dem Russischen; aus dem Deutschen übersetzte er Ausschnitte aus Goethes Gesprächen mit Eckermann und einige Gedichte, aus einem Reclambändchen mit Marx-Texten u.a. die *Feuerbachthesen*, ferner eine stattliche Anzahl Grimmscher Märchen sowie literarische Artikel und etliche Kapitel vergleichender Sprachwissenschaft.

In einem Brief hält er seine Frau Giulia dazu an, »eine immer qualifiziertere Übersetzerin aus dem Italienischen zu werden. [...] Ein qualifizierter Übersetzer müsste nicht nur im Stande sein, wörtlich zu übersetzen, er müsste auch die Ausdrücke und Begriffe aus einer bestimmten Nationalkultur in die einer anderen übersetzen können, das heißt, ein solcher Übersetzer müsste kritisch zwei Kulturen kennen und in der Lage sein, die eine der anderen zu vermitteln, indem er sich der historisch definierten

Sprache jener Kultur bedient, der er das Informationsmaterial liefert.« (GB I, 118) Gramsci geht davon aus, dass »jede Sprache die Elemente einer Weltauffassung und einer Kultur enthält« (6/1377); übersetzen heißt also, zwei Kulturen mit all ihren Besonderheiten zueinander ins Verhältnis setzen. Dasselbe gilt für wissenschaftliche Sprachen: Philosophie, Politik, Ökonomie haben zwar eigene Ausdrucksmittel entwickelt, aber das heißt nicht, dass sie voneinander losgelöst existieren, so wie es auch zwischen Alltagsverstand und Philosophie bzw. Wissenschaft keine unüberwindbaren Mauern gibt. Selbst das Verhältnis von Theorie und Praxis fasst Gramsci als Übersetzungsproblem auf: Er sieht die Wirklichkeit »voll der wunderlichsten Verbindungen, und es ist am Theoretiker, in diesen Wunderlichkeiten die Probe auf seine Theorie zu machen, die Elemente des geschichtlichen Lebens in theoretische Sprache zu ›übersetzen‹, und nicht umgekehrt sich die Wirklichkeit nach dem abstrakten Schema darzustellen« (2/373).

Mechanische Übertragungen führen leicht zu Missverständnissen, falschen Gegensätzen und verknöcherten Halbwahrheiten: »Wie zwei ›Wissenschaftler‹, die sich auf dem Terrain derselben grundlegenden Kultur gebildet haben, nur deshalb, weil sie eine unterschiedliche wissenschaftliche Sprache verwenden [...], unterschiedliche ›Wahrheiten‹ zu vertreten glauben, so glauben zwei nationale Kulturen, die Ausdrucksweisen grundlegend gleicher Zivilisationen sind, verschieden, gegensätzlich, antagonistisch, eine der anderen überlegen zu sein, weil sie Sprachen unterschiedlicher Tradition verwenden, die sich auf Grundlage charakteristischer und für jede von ihnen spezifischer Aktivitäten gebildet haben: juristisch-politische Sprache in Frankreich, philosophische, doktrinäre, theoretische in Deutschland.« (6/1459)

Gramsci blendet mit dieser Bemerkung ins 19. Jahrhundert zurück: Mit der Revolution hatte sich in Frankreich eine politische Sprache für das ausgebildet, was in Deutschland wegen der repressiven Verhältnisse auf dem abseits des Politischen gelegenen Feld der Philosophie verhandelt wurde. Marx, der die politisch zurückgebliebenen deutschen Verhältnisse von Paris aus bekämpfte, richtete den Blick für seine Erforschung der kapitalistischen Produktionsverhältnisse dagegen nach England, wo er die ökonomischen Verhältnisse am weitesten entwickelt fand. Dabei warnte er seine deutschen Leser, die »pharisäisch die Achseln zucken über die Zustände der englischen Industrie- und Ackerbauarbeiter«, sich keine Illusionen zu machen: »De te fabula narratur. [...] Das industriell entwickeltere Land zeigt dem minder entwickelten nur das Bild der eignen Zukunft.« (MEW 23, 12) Das ist ökonomisch gesprochen, d.h., es abstrahiert davon, welche konkreten kulturellen und politischen Auswirkungen »diese mit eherner Notwendigkeit wirkenden und sich durchsetzenden Tendenzen [der kapitalistischen Produktion]« (ebd.) in einem bestimmten Kontext haben werden. Es bedarf der Übersetzung, um solche Abstraktionen aufs Terrain einer konkreten Dialektik zurückzuholen. Indem er zwischen den Disziplinen übersetzt, anstatt sie statisch aufeinander zu beziehen bzw. sie bloß zu addieren, führt Gramsci »Elemente einer Differenzierung und eines Bruchs ein gegenüber der (u.a. von Plechanow und später von Bucharin) vulgarisierten Formel: Marxismus = Philosophie + Politik + Ökonomie« (Brissa 1997, 187). Erkundet wird stattdessen der Zusammenhang von abstrakter ökonomischer Tendenz und ihrer konkreten geschichtlichen Gestalt, ihren internationalen, nationalen bzw. regionalen Auswirkungen und Spielräumen. Das Übersetzen bringt Wechselwirkungen, Sonderentwicklungen und Ungleichzeitigkeiten ins Bild. Einem italienischen Intellektuellen des Risorgimento, der »an Italien französische Maßstäbe anlegte, die weit fortgeschrittenere Situationen als die italienischen repräsentierten«, kann Gramsci deshalb vorwerfen, er habe es »nicht verstanden, das Französische ins Italienische zu ›übersetzen‹« (8/1952).

5.2 Fordismus und Faschismus

Seit Alexis de Tocqueville in *De la démocratie en Amérique* (1835/1840) sein vielschichtiges Bild der USA als gesellschaftliche Avantgarde Europas und düsteres Menetekel der neu heraufziehenden Welt gezeichnet hat, liefert die Konstellation Amerika/Europa eine Spannung, aus der sich ein bis heute nicht abreißender Modernitätsdiskurs speist. Charakteristisch für diesen ›Amerikanismus‹ bleibt sein Doppelgesicht: Unvermittelt treten die USA darin einmal als Schreckensbild der Einebnung aller Unterschiede auf, ein andermal als Vision von Fortschritt und Wohlstand. Gramsci interveniert in diesen Diskurs, indem er sich für die Vermittlungen interessiert, die fürs Übersetzen unerlässlich sind:

> »Das Problem ist folgendes: ob Amerika mit dem unerbittlichen Gewicht seiner wirtschaftlichen Produktion (und das heißt indirekt) Europa zu einer Umwälzung seiner allzu veralteten sozio-ökonomischen Formation zwingen wird oder bereits im Begriff ist, es zu zwingen [...], ob es also zu einer Umgestaltung der materiellen Grundlagen der europäischen Zivilisation kommt, was auf lange Sicht (und nicht auf sehr lange, weil in der gegenwärtigen Epoche alles viel schneller ist als in den vergangenen Epochen) zu einer Umwälzung der bestehenden Zivilisationsform und zur erzwungenen Geburt einer neuen Zivilisation führen wird.« (9/2098 f.)

So gewendet, fällt von Amerikas ökonomischer Initiative auch Licht auf »das Untergangsgefühl, das den Europäer quält« (Ortega y Gasset 1930/1957, 110). Aber klären wir mit Gramsci zuerst die geschichtlichen Kontexte: »Amerika hat keine großen ›historischen und kulturellen Traditionen‹, ist aber auch nicht mit diesem Bleimantel belastet.« (9/2068) Mit ›Bleimantel‹ sind die negativen Auswirkungen der Tradition gemeint, etwa »Erscheinungen der Saturierung und Verknöcherung des Staatspersonals und der Intellektuellen, des Klerus und des Grundbesitzes« – man könne geradezu sagen, »dass, je älter die Geschichte eines Landes ist, desto zahlreicher und lastender diese Ablagerungen nichtstuerischer und unnützer Massen dieser Pensionäre der Wirtschaftsgeschichte« (2065). Obwohl Gramsci auch in den USA die Tendenz erkennt, dass sich »immer breitere Randzonen gesellschaftlicher Passivität bilden«, z.B. unter den Frauen der Oberklasse (2090), ist hier die »›Tradition‹ der Pioniere ganz jung«, und es gibt ein lebendiges Selbstverständnis »von starken Individualitäten [...], die direkt, und nicht mittels eines Heeres von Sklaven oder Knechten in energischen Kontakt mit den Naturkräften traten, um sie zu beherrschen und siegreich auszubeuten« (2089). Unter diesen Voraussetzungen ist es für die amerikanischen Industriellen »relativ einfach gewesen, die Produktion und die Arbeit zu rationalisieren« (2069).

Der Ausdruck ›Fordismus‹, den Gramsci der Managementliteratur seiner Zeit entnimmt und differenziert zur Bezeichnung einer Produktionsweise ausbaut, bezieht sich auf eine dieser »starken Individualitäten«, auf den Autoindustriellen Henry Ford, der 1908 sein später legendär gewordenes ›Modell T‹ (›Tin Lizzy‹ genannt) öffentlich präsentierte und bereits 1913 dazu überging, seine Automobile seriell in Fließbandproduktion fertigen zu lassen. Mit seinen in der Zwischenkriegszeit äußerst populären Büchern[19] propagierte er nicht nur die Rationalisierung, sondern wollte zugleich auf die Lebensführung seiner Arbeiter einwirken, indem er »die finanzielle Besserstellung seiner Belegschaft mit fabrikfürsorgerischen Ordnungseingriffen in das Privat- und Familienleben« kombinierte (Tanner 1999, 581). Gramsci, den die Lektüre von Fords Schriften amüsierte – »Ford mag zwar ein großer Industrieller sein, kommt mir als Theoretiker aber ziemlich komisch vor« (GB II, 120) –, übersah darüber nicht die *»objektive Tragweite* des amerikanischen Phänomens« (9/2086), das allerdings erst in seinen Anfängen steckte: »noch« (nämlich »vor der Krise von 1929«, wie Gramsci 1934 bei der Überarbeitung seiner Notizen präzisiert) »ist die Grundfrage der Hegemonie nicht gestellt worden« (2069). Dennoch waren die Anstrengungen zur Durchsetzung des Fordismus beträchtlich und koordiniert: Geschickt wurde »der Zwang (Zerstörung der Arbeiter-Gewerkschaften [...]) mit der Überzeugung kombiniert (hohe Löhne, verschiedene Sozialzuwendungen, ideologische Propaganda und äußerst geschickte Politik)« (ebd.). Der Versuch, »das gesamte Leben des Landes auf die Produktion zu gründen« (ebd.), zeitigte Auswirkungen bis in den Mittelstand hinein. Gramsci zeigt das am Roman *Babbitt*, worin Sinclair Lewis, der 1930 als erster amerikanischer Autor den Nobelpreis für Literatur erhielt, einen kleinbürgerlichen Spießer karikiert, der die Zivilisation am Geschäftsgang und die Politik an der Höhe der Häuser misst. Gegen die meisten europäischen Kritiker, die sich über Babbitts Beschränktheiten endlos lustig machten, hielt Gramsci fest, dass die amerikanischen Kleinbürger nicht wie in Europa einem »verfaulten und schwächenden«, sondern einem »kraftvollen und progressiven Aberglauben« anhängen: In Amerika ist »der moderne Industrielle [...] das zu erreichende Vorbild, der gesellschaftliche Typus, dem es sich anzugleichen gilt, während für den europäischen Babbitt das Vorbild und der Typus vom Kanonikus der Kathedrale gegeben sind, vom Provinzadligen, vom Abteilungsleiter aus dem Ministerium« (3/660).[20]

Gramsci charakterisiert den amerikanischen Fordismus mit dem berühmt gewordenen Satz: »Die Hegemonie entspringt in der Fabrik und braucht zu ihrer Ausübung nur eine minimale Menge professioneller Vermittler der Politik und der Ideologie.« (9/2069) Es wäre allerdings auch in diesem Fall verfehlt, die Aussage zu einer abgehobenen theoretischen Wahrheit machen zu wollen. Hegemonie entspringt nicht ›grundsätzlich‹ in der Fabrik, auch wenn sie für Gramsci neben der politischen und kulturellen immer auch eine ökonomische Dimension besitzt. Der Hegemonieverlust der alten Eliten in Europa hängt eng gerade mit diesem ökonomischen Aspekt zusammen: Es gelingt den europäischen Eliten nicht, »die alte und anachronistische demographisch-gesellschaftliche Struktur« zusammenzubringen »mit einer höchst modernen Form der Produktion und der Arbeitsweise, wie sie vom perfektioniertesten amerikanischen Typus, der Industrie Henry Fords, dargeboten wird« (2064).

Gramsci entwickelt die Hegemoniethematik in den Aufzeichnungen zum Fordismus wiederum auf originelle Weise, nämlich am konkreten Material. Unter dem Aspekt eines neuen Niveaus der Produktivkräfte fragt er nach verschiedenen Elementen einer verallgemeinerbaren Verbindung neuer Arbeits- und Lebensweisen, denn »es lassen sich keine Erfolge in einem der Felder erreichen ohne spürbare Ergebnisse im anderen« (2086). Hegemonie in diesem Zusammenhang fragt also danach, wie sich die neuen Anforderungen sowie Möglichkeiten der rationalisierten Massenproduktion zu einem umfassenden und tragfähigen geschichtlichen Block verallgemeinern lassen, zu einem für alle Schichten erneuerten *way of life*. Aber anstatt sich auf die dabei propagierten Konsenselemente wie den *American dream* zu beschränken, bringt Gramsci die umkämpften Felder und das Ineinander von Konsens und Zwang ins Bild.

Auch in Italien registriert Gramsci einen ersten ›fordistischen Fanfarenstoß‹ in der Form einer »Verherrlichung der Großstadt, regulatorischer Pläne für Großmailand usw.« (2070), aber »das

Verhältnis zwischen der ›potentiell‹ aktiven und passiven Bevölkerung war eines der ungünstigsten in Europa« (2067). Vor diesem Hintergrund »stößt die Einführung des Fordismus auf so viele ›intellektuelle‹ und ›moralische‹ Widerstände und vollzieht sich in besonders brutalen und tückischen Formen, durch äußeren Zwang« (2064). Indem er zwischen Amerika und Europa ›übersetzt‹ und den Zusammenhang zwischen Fordisierung in Amerika und Faschisierung in Europa bzw. Italien freilegt, gelangt Gramsci zu einer scharfsinnigen Analyse auch des europäischen Amerikanismus. Da ist auf der einen Seite die Warnung vor dem ›Konformismus‹. Gramsci hält fest, dass »der von gewissen Intellektuellen lancierte Alarm einzig und allein komisch ist. Den Konformismus hat es immer gegeben: es dreht sich heute um den Kampf zwischen ›zwei Konformismen‹, das heißt um einen Kampf um Hegemonie, um eine Krise der Zivilgesellschaft.« (4/870) Die »reaktionären und konservativen Tendenzen«, die im Europa der Zwischenkriegszeit so stark an Boden gewinnen, rühren daher, dass »die besondere Form von Zivilisation, von Kultur, von Moralität«, die die bisherigen Eliten repräsentiert haben, sich allmählich zersetzt. Deshalb »rufen sie den Tod aller Zivilisation aus, aller Kultur, aller Moralität, und verlangen repressive Maßnahmen vom Staat«. Zugleich dokumentiert Gramsci, wie in Europa das klischierte Bild »von einem Amerika ohne innere Kämpfe [...] sehr leicht angenommen (und sehr geschickt verbreitet) worden ist« (9/2101). Sichtbar wird das typische Doppelgesicht des Amerikanismus, indem man »gleichzeitig den Amerikanismus bekämpft« – denn er ist »subversiv für die stagnierende europäische Gesellschaft« –, aber Amerika für den »propagandistischen Gebrauch« auch »als Beispiel sozialer Homogenität« darstellt, weil sich damit die Durchsetzung »von Ausnahmegesetzen« rechtfertigen lässt (ebd.).

Fordisierung in Amerika und Faschisierung in Europa sind zunächst zwei sehr verschiedene Phänomene, das eine eher ökonomisch, das andere politisch. Gramscis Analyse legt jedoch deren Vermittlungen offen und macht sie so ineinander übersetzbar. Hieran wird die Schärfe seiner Materialanalysen deutlich: Sie bringen erstens die USA ins Bild als Ort, wo um die Verallgemeinerung des Fordismus und damit eines neuen *American way of life* gerungen wird; zweitens intervenieren sie in den europäischen Amerika-Diskurs, der in den 1920er Jahren hohe Wellen der Begeisterung wie der Ablehnung schlägt, indem sie zeigen, wie der schwankende Alltagsverstand dabei ideologisch in Dienst genommen statt aufgeklärt wird; und drittens machen sie deutlich, dass der Faschismus in Europa als Rückfall in die Barbarei oder Reaktion auf die Revolution in Russland nur unzulänglich analysiert wäre, denn die Übersetzung aus dem Amerikanischen zeigt ihn als »nachholende Modernisierung von seiten der zurückgebliebenen Kapitalismen, die auf dem Weltmarkt zu unterliegen drohen« (Haug 1986, 41). Dass dieser nachholende Fordismus als »europäisches notgedrungenes Modernisierungsprojekt« (42) besonders repressive Formen annimmt, hat Gramsci Tag für Tag am eigenen Leib erfahren.

5.3 Sucht, Sex, Moral

In einem Brief vom 20. Oktober 1930 an seine Schwägerin Tanja Schucht schreibt Gramsci über seine Frau: »Es ist offensichtlich, dass Giulia an nervöser Erschöpfung und zerebraler Anämie leidet.« Die Ursache ihres Zustands sieht er in der Verkennung der Tatsache, »dass ein bestimmter Arbeitsrhythmus nur möglich ist, wenn der Organismus einen gewissen Ausgleich erhält, und nur bei einer bestimmten Lebensführung«. Das »einzige Hilfsmittel«

liege »in einer ausgewogenen Anwendung von Überzeugung und Zwang« – Gramsci bezieht sich in der Folge explizit auf Ford, dessen Inspektoren »das Privatleben der Beschäftigten kontrollieren und ihnen eine Lebensführung vorschreiben«, und er schließt: »Wir Europäer sind noch zu sehr Bohemiens, wir glauben, eine gewisse Arbeit machen und wie es uns gefällt leben zu können [...]. Wir sind auf eine absurde Art zu romantisch, und da wir keine Kleinbürger sein wollen, verfallen wir in die typischste Form von Kleinbürgerlichkeit, eben in die Bohème.« (GB II, 326 f.)

In der für ihn charakteristischen Weise bildet Gramsci eine flüssige Begrifflichkeit aus, die auf verschiedenen Ebenen zur Anwendung kommen kann. Hier ist es das Hegemoniethema (Zwang und Konsens), das er mit dem fordistischen Motiv des ›psycho-physischen Gleichgewichts‹ verknüpft. Der Zusammenhang wird etwa gleichzeitig in den später zum Fordismusheft zusammengezogenen Notaten detailliert ausgearbeitet: Gerade weil der »von einigen Industriellen geschaffene Inspektionsdienst zur Kontrolle der ›Moralität‹ der Arbeiter« ein Erfordernis der neuen Arbeitsmethode ist, warnt Gramsci davor, ihn bloß als »scheinheilige Form von Puritanismus« abzutun. Die ›puritanischen‹ Initiativen haben in Wirklichkeit »das Ziel, außerhalb der Arbeit ein bestimmtes psycho-physisches Gleichgewicht aufrechtzuerhalten, das den physiologischen Zusammenbruch des von der neuen Produktionsmethode ausgepressten Arbeiters verhindert« (9/2087). Es geht also darum, mit der Arbeitsweise auch auf die Lebensweise Einfluss zu nehmen. Der in den USA stark verankerte Puritanismus bildet nach dieser gramscianischen Lesart eine Art diffuses Reservoir, in das sich neue, gut organisierte Initiativen »einnisten« können, »indem sie sich als eine Renaissance der Moral der Pioniere, des ›wahren‹ Amerikanismus darstellen« (2088). Damit lässt sich hoher zivilgesellschaftlicher Druck aufbauen, und die Kampagnen können sogar »zur Staatsfunktion werden, wenn sich die Privatinitiative der Industriellen als unzureichend erweist« (2087). Gramsci zeigt das am Beispiel der »Kampagne gegen den Alkohol, den gefährlichsten Zerstörungsfaktor der Arbeitskraft«: Mit der sogenannten Prohibition wurde das Verdikt gegen die Herstellung und den Verkauf von Alkohol in den USA ab 1919 Gesetz, das der organisierten Kriminalität eine lukrative Einkommensquelle verschaffte. Es blieb bis 1933 in Kraft.

Unter ähnlich hohem Regelungszwang standen die Geschlechterverhältnisse. »Es scheint klar, dass der neue Industrialismus die Monogamie will« (2088), schreibt Gramsci, denn die neuen Arbeitsmethoden »verlangen eine rigide Disziplin der Sexualtriebe (des Nervensystems), das heißt eine Stärkung der ›Familie‹ im weiten Sinne [...], der Regelung und Stabilität der Sexualbeziehungen« (2084). Auch in der Filmindustrie wurden Moralkampagnen ›zur Staatsfunktion‹. Die dortige Entwicklung, die Gramsci allerdings nicht gekannt hat, fügt sich nahtlos in seine Argumentation ein: Anfang der 1920er Jahre führten die Skandalisierungen einer angeblichen ›Unmoral Hollywoods‹ zunächst zu einer koordinierten Selbstzensur der Großfirmen (Prokop 1995, 91). Das war umso einfacher, als im Zuge der ›Taylorisierung‹ des Filmgeschäfts nun detaillierte Drehbücher als »Grundlage einer exakten Kosten-Kalkulation« vorliegen mussten (98). Mit dem Ende des Prohibitionismus wurde in den USA die *National Legion of Decency* ins Leben gerufen, in der sich Kirchen, Abstinenzvereine und konservative Frauenverbände für einen Boykott ›unmoralischer‹ Filme starkmachten. Sie setzten durch, »dass jedem Film eine Bescheinigung ausgestellt werden musste, die die Einhaltung der Moral-Regeln garantierte. Fehlte die Bescheinigung, kostete das 25.000 Dollar Strafe, und der Film wurde gesperrt.« (124 f.) Daraus hat sich der sogenannte *Motion Picture*

Production Code entwickelt, der von 1934 bis 1966 in Kraft blieb, also etwa für die Zeitspanne, die wir heute als Fordismus bezeichnen würden. Einige Grundsätze daraus: »Das Trinken von Alkohol darf, wenn es um die Darstellung amerikanischer Lebensverhältnisse geht, nicht gezeigt werden, es sei denn, dass die jeweilige Handlung oder Charakterisierung das erfordert.« Oder: »Ehe und Familie sollen als Grundwert geachtet werden. Es darf nicht der Eindruck entstehen, dass niedrige Formen des Geschlechtslebens Anerkennung genießen.« (126) Freilich verweist dieser Moralisierungsschub zugleich auf sein Gegenteil, nämlich eine sich verstärkende Ausrichtung der Menschen auf Vergnügen, Unterhaltung und Konsum.

»Dieser umfassende Zusammenhang von auf die Massen ausgeübtem Druck«, schreibt Gramsci, »wird zweifellos Resultate zeitigen, und eine neue Form der sexuellen Vereinigung wird auftauchen, in der die Monogamie und die relative Stabilität wohl der charakteristische und grundlegende Zug sein müssen.« (9/2089) In dieser Voraussage ist unschwer die fordistische Kleinfamilie zu erkennen mit dem für Lohn arbeitenden Ehemann und der zu Hause die Reproduktionsarbeit leistenden Ehe- und Hausfrau, wie sie sich auch in Europa nach dem Zweiten Weltkrieg als geförderte Norm für annähernd drei Jahrzehnte etablieren konnte. Was Gramscis Fordismusanalysen weiterhin aktuell macht, ist die vielschichtige Weise, wie darin die Regulierung der Sexual- und Reproduktionsfunktion behandelt wird: Die »wichtigste zivil-ethische Frage« ist in diesem Zusammenhang die »Herausbildung einer neuen weiblichen Persönlichkeit« bzw. die Frage nach einer wirklichen »Unabhängigkeit gegenüber dem Mann« (2072), doch bleibt sie geknüpft an den umkämpften Versuch, »eine neue Sexualethik zu schaffen, die den neuen Produktions- und Arbeitsmethoden gemäß ist« (2073).

Obwohl die Frauenfrage für sich genommen »Gramsci nicht wirklich interessierte«, zeigt sich von heute aus gesehen, dass der Zusammenhang von Sexualität und Produktionsverhältnissen bei ihm auf eine Weise ins Bild tritt, die es überhaupt erst möglich macht, »die historischen Kämpfe der Frauenbewegung« in ihrem größeren geschichtlichen Kontext zu analysieren, nämlich als »Kämpfe gegen die fordistische Produktionsweise« (Frigga Haug 2007, 34 u. 44). Aber auch die weitere Entwicklung, also etwa die Schwächung der Frauenbewegung seit den 1980er Jahren, lässt sich erst in diesem größeren Zusammenhang erfassen, weil sich die Verhältnisse insgesamt verschieben: Das neoliberale Credo »Jeder kann ein Unternehmer sein« postuliert einen neuen Arbeitertyp, der für die mikroelektronische Produktionsweise geeignet ist und im geforderten Maß darin ›mitdenken‹ kann – er soll (nach Peter Hartz, den Haug hier zitiert) u.a. »fit, fähig, flexibel« und »stets lernend« sein (50). Aber in diesem Credo wird »Selbstbestimmung« von einer »Forderung sozialer Bewegungen« zu einem »Verlangen von einzelnen« umfunktioniert. Vor diesem Hintergrund kommt es zu einer »Spaltung in eine kleine Elite beiderlei Geschlechts und ein zunehmend ärmeres Fußvolk« (51). Damit öffnet sich ein neues, widersprüchliches Feld von Handlungsfähigkeit und Unterdrückung. »Die Hegemonieverhältnisse sind verschoben und die Frauenbewegung scheint veraltet – ihre Forderungen sind integriert –, die passive Revolution war erfolgreich.« (49) Voraussetzung für ein emanzipatorisches Agieren auf diesem widersprüchlichen Terrain ist ein Zusammendenken von Geschlechter- und Produktionsverhältnissen, wie es bei Gramsci vorgedacht ist.

5.4 Die Massenproduktion der Träume

Das Mehr an Konsumgütern, das die Massenproduktion auch für Arbeiter und Angestellte erschwinglich macht, ist ein entscheidender Faktor, der nach dem Zweiten Weltkrieg zur Stabilisierung eines fordistischen Kompromisses auch in Europa beigetragen hat. Mit ›Dopolavoro‹ und ›Kraft durch Freude‹ hatte es erste Vorstöße zu einer Freizeitkultur bereits unter dem Faschismus gegeben, die jedoch vor allem der Kriegsvorbereitung dienten und daher Episode blieben. Zwar steht Gramsci in seiner Analyse des Fordismus die Herausbildung eines neuen psycho-physischen Gleichgewichts stets deutlich vor Augen, das Ausmaß allerdings, in dem die Unterhaltungs- und Freizeitindustrie sich zu einem komplementären Element der rationalisierten Arbeit entwickeln sollte, konnte er, schon aufgrund der spärlichen Quellen, die ihm im Gefängnis zur Verfügung standen, nicht erahnen. Was er klar erkennt, ist die durch die höheren Löhne sich eröffnende »Möglichkeit, den für die neuen Produktions- und Arbeitsmethoden [...] angemessenen Lebensstandard zu verwirklichen« (9/2094). Allerdings sind die Löhne für die Industriellen ein zwiespältiges Überzeugungsmittel: »es ist nötig, dass der Arbeiter sein übriges Geld ›rational‹ ausgibt, um seine nervlich-muskuläre Leistungsfähigkeit zu erneuern [...], nicht um sie zu zerstören oder zu schädigen« (2087). Gesteigerte Anforderungen an Triebunterdrückung und Rationalisierung gehen also Hand in Hand mit neuen Formen der Hervorbringung und Befriedigung von Genüssen und Sehnsüchten. Eli Zaretsky geht in *Freuds Jahrhundert* davon aus, Gramsci habe »das Verhältnis der Psychoanalyse zu dieser paradoxen Lage scharfsinnig erfasst«: Zwang allein reichte nicht aus zur Durchsetzung der neuen Arbeitsweise. »Vielmehr brauchte der Fordismus den Freudianismus, weil dieser die geheimen Sehnsüchte der Arbeiter sichtbar macht.« (202) Die These ist interessant, auch wenn sie Gramscis Haltung zumindest in einigen Punkten verfehlt, wie wir sehen werden. Zaretsky versteht Psychoanalyse »als die erste große Theorie und Praxis des persönlichen Lebens« (15), und ähnlich wie der Calvinismus nach Max Weber die Persönlichkeitsveränderungen hervorbringt, die dem neuzeitlichen Kapitalismus einen Entwicklungsschub geben, so bedurfte auch der moderne Konsumismus einer Transformation: Die Menschen lösten sich »aus der traditionellen familiären Moral, aus ihrer obsessiven Selbstbeherrschung und Sparsamkeit und zogen in die sexualisierten Traumwelten des Massenkonsums ein, weil sie dem persönlichen Leben einen neuen Stellenwert gaben« (21).

Gramsci hat sich tatsächlich mehrfach mit der Psychoanalyse befasst, die er allerdings nur in ihren Grundzügen kannte (1/86). Unmittelbarer Anlass dazu war, dass seine in Russland an einer depressiven Erkrankung leidende Frau Giulia eine psychoanalytische Therapie aufnahm. Sein Interesse für den Freudianismus blieb dabei kritisch-distanziert (vgl. GB I, 81; GB III, 211 f.). Im Fordismusheft sieht er »die ›psychoanalytische‹ Literatur« als eine Weise, »die Regulierung der Sexualtriebe in einer mitunter ›aufklärerischen‹ Form zu kritisieren, mit der Schaffung eines neuen Typus des ›Wilden‹ auf sexueller Basis (einschließlich der Beziehung zwischen Eltern und Kindern)« (9/2070 f.). Wenn Zaretsky in diesem Hinweis auf die neuen Wilden »passgenau den Mythos für die Konsumgesellschaft« entdeckt (2006, 203), so muss man einschränken, dass Gramsci selbst diesem Mythos kritisch gegenübersteht. Für ihn gehört der freudianische Wilde wohl mit zu jenen Phänomenen, die er wenig später als »›romantische‹ Enthemmung« kritisiert, wie sie typisch sei für »jede Krise einseitigen Zwangs im sexuellen Bereich« (2072). Zaretsky fährt fort, »bei allem Lob des Fordismus« sei es Gramsci keineswegs entgangen, dass der Kapitalismus sein emanzipatorisches

Potenzial selbst blockiert. »Und genau an dieser Stelle sah er auch die Bedeutung des Freudianismus: Dieser ermutige Männer und Frauen dazu, die fordistisch-kapitalistische Hülle zu sprengen – wenn zunächst auch nur im Reich des Denkens.« (203) Auch wenn es eine solche Verknüpfung von Freud und Befreiung auf der Linken zweifellos gegeben hat, so jedenfalls nicht bei Gramsci. Zwar denkt er im Rahmen der fordistischen Produktionsweise tatsächlich darüber nach, wo es Ansatzpunkte zur ›Sprengung der kapitalistischen Hülle‹ geben könnte. Statt in der Psychoanalyse erkennt er diese aber eher in der Ambivalenz der von Frederick W. Taylor geforderten Dequalifizierung des Arbeiters zum ›dressierten Gorilla‹. »Die amerikanischen Industriellen haben diese den neuen industriellen Methoden innewohnende Dialektik sehr gut verstanden«, schreibt er. Sie wüssten nur zu gut, »dass der ›dressierte Gorilla‹ eine Phrase ist, dass der Arbeiter ›bedauerlicherweise‹ Mensch bleibt und sogar dass er während der Arbeit mehr denkt oder zumindest viel mehr Möglichkeiten zum Denken hat, zumindest wenn er die Anpassungskrise überstanden hat und nicht eliminiert worden ist«. Dabei könnte ihn allerdings »die Tatsache, dass er keine unmittelbaren Befriedigungen aus der Arbeit zieht und dass er versteht, dass man ihn auf einen dressierten Gorilla reduzieren will, [...] zu einem wenig konformistischen Gedankengang bringen« (9/2092).

Die Konsumwünsche, die Zaretsky in den Vordergrund rückt, dürften den Arbeiter in der besagten Situation dagegen wohl eher zu einem ›konformistischen Gedankengang‹ veranlassen. So gesehen besteht die Verbindung zwischen Fordismus und Freudianismus nicht oder jedenfalls nicht in erster Linie darin, dass die Psychoanalyse eine revolutionäre Sprengung der ›fordistisch-kapitalistischen Hülle‹ denkbar gemacht hätte – was insbesondere im Bündnis mit nonkonformistischen Intellektuellen und Künstlern aus Surrealismus, Feminismus und Sozialismus, wie es sie vor allem in Europa gegeben hat (24 f.), *auch* der Fall sein konnte. Vielmehr vermittelt der Freudianismus zwischen den Anforderungen gesteigerter Triebunterdrückung und der komplementären Herausbildung eines konsumistisch kanalisierbaren Begehrens. In Zaretskys Worten: »Letztlich war der Fordismus ein Versuch, die Gesellschaft zu einer Fabrik zu machen, doch konnte das nur durch einen Kunstgriff gelingen: Man musste die Menschen dazu bringen, ihre Identität nicht länger in der Arbeitswelt zu suchen. Die Psychoanalyse war dieser Kunstgriff.« (204) In die Sprache Gramscis übersetzt, bedeutet das: Der Amerikanismus hat es geschafft, »eine schrittweise Entwicklung« hervorzubringen vom »Typus der fürs letzte Jahrhundert charakteristischen ›passiven Revolutionen‹« (9/2063). Es kam zu einer Modernisierung, bei der die Arbeiter zwar zunehmend als Konsumenten angesprochen wurden, aber im Produktionsbereich hierarchisch untergeordnet, d.h. subaltern blieben und die Hegemonie nicht herausforderten.

5.5 Fordistische ›Kulturindustrie‹

Die erste umfassende Bestandsaufnahme der fordistischen Massenkultur haben der Sache nach Adorno und Horkheimer 1947 veröffentlicht, ein Jahrzehnt nach dem Tod des ihnen unbekannt gebliebenen italienischen Kommunisten. Das von Adorno entworfene Kapitel aus der *Dialektik der Aufklärung* trägt den Titel »Kulturindustrie. Aufklärung als Massenbetrug«. Auf der Basis eines kritisch reflektierten und differenzierten bürgerlichen Kunstverständnisses gelingt es Adorno darin, die systemisch-kommerzielle Vereinnahmung kultureller Produktion besonders eindringlich darzustellen. Dabei ist es nicht einfach nur die »Standardisierung und Serienproduktion« der Kulturwaren, die er beklagt (das Beharren auf dem Kunsthandwerklichen gehört eher zur bürgerlich-konservativen Kritik an der ›Massenkultur‹), sondern der Umstand, dass an der Kunst gerade »das geopfert [wurde], wodurch die Logik des Werks von der des gesellschaftlichen Systems sich unterschied« (Adorno, GS 3, 142). Dass Konsum und Unterhaltung sich zum integrierenden Element des neuen *American way of life* entwickelten, haben Adorno und Horkheimer also sehr genau erfasst. Allerdings begreifen sie Massenkultur dabei als Teil einer tendenziell »totalen Kapitalmacht« im Spätbzw. Monopolkapitalismus (141): »Die Konsumenten sind die Arbeiter und Angestellten, die Farmer und Kleinbürger. Die kapitalistische Produktion hält sie mit Leib und Seele so eingeschlossen, dass sie dem, was ihnen geboten wird, widerstandslos verfallen.« (154) Bei aller kritischen Intention verwandelt sich hier, was Gramsci als einen hegemonialen Zusammenhang mit unterschiedlichen, auch gegeneinander agierenden Instanzen analysiert, in ein geschlossenes System, dessen Wirkungen nur totalisierend (»widerstandslos verfallen«) beschrieben werden können. So kommt es zum »Zirkel von Manipulation und rückwirkendem Bedürfnis, in dem die Einheit des Systems immer dichter zusammenschießt« (142). Wie es im analysierten System keine Widersprüche, gegenläufigen Tendenzen oder Risse gibt, so gibt es auch in der begrifflichen Anordnung keine Griffe zur Verankerung einer Verbindung von kritischen Intellektuellen mit jenen ›Arbeitern, Angestellten, Farmern und Kleinbürgern‹, die jetzt allesamt als ›Konsumenten‹ angesprochen werden.

Zu zahlreichen Thesen und Einsichten der Kritischen Theorie gibt es interessante Anknüpfungspunkte bei Gramsci – man muss sich allerdings die Mühe machen, zwischen den beiden Ansätzen zu ›übersetzen‹. Wenn Adorno zuspitzt: »Vergnügtsein heißt Einverstandensein« (167), so ist das wie ein Blitz, der die neue fordistische Szenerie für einen Augenblick in blendend helles Licht taucht. Freilich erkennen wir dabei nur die Ausmaße des neuen Phänomens, nicht seine Zusammengesetztheit mit den vielen feinen Rissen, die sich in diesem Einverstandensein immer neu bilden. Mit Gramsci gesprochen stellt Adornos Satz die Frage nach der Modifikation der Zivilgesellschaft durch die Massenkultur. Sichtbar wird, dass Kulturindustrie im Fordismus zu einem zentralen Schauplatz wird, auf dem um Hegemonie gerungen wird. Bringt man die Hegemoniefrage ins Spiel, so wird aber auch deutlich, dass diese sich nicht allein auf die Figur des Konsumenten beschränken lässt, oder genauer: Wo das gelingt, bleiben die so Angesprochenen notwendig subalterne Subjekte in einem Projekt fremder Hegemonie bzw. passiver Revolution.

5.6 Aktive und passive Revolution

Gramsci geht davon aus, dass das volle rationale Potenzial der technischen und gesellschaftlichen Möglichkeiten erst durch den Ausgang der Subjekte aus subalterner Unterordnung verwirklicht werden kann. Diejenigen, die dem »Erzwingungsdruck« der »neuen Seins- und Lebensweise« (9/2083) am unmittelbarsten ausgesetzt sind, möchte er selber zu Hauptakteurinnen und Hauptakteuren der Umwälzung machen, denn von den alten Eliten ist eine solche umfassende gesellschaftliche Erneuerung ebenso wenig zu erwarten wie von den amerikanischen Rezepten, die in Europa unter den Intellektuellen Begeisterung und Abscheu zugleich hervorrufen. Zu entwickeln sind deshalb die emanzipatorischen Keime im Denken derjenigen gesellschaftlichen Gruppen, »die im Begriff sind, durch Auferlegen und mit eigenem Leiden die materiellen Grundlagen dieser neuen Ordnung zu schaffen: diese ›müssen‹ das ›originale‹ Lebenssystem finden, nicht Marke Amerika, um ›Freiheit‹ werden zu lassen, was heute ›Notwendigkeit‹ ist« (2099). Es ist kein Zufall, dass an dieser Stelle das Stichwort einer »neuen Ordnung« auftaucht – *Ordine Nuovo* war der Name einer von Gramsci mitbegründeten Wochenzeitung, die 1919/20 (im sogenannten Biennio rosso) zum organisierenden Zentrum der Turiner Fabrikrätebewegung wurde. Blenden wir kurz zurück.

Die Ausgangsfrage des *Ordine Nuovo*, wie Gramsci und Palmiro Togliatti sie in ihrem Artikel *Arbeiterdemokratie* vom 21. Juni 1919 stellen, lautet: »Wie können die ungeheuren gesellschaftlichen Kräfte, die der Krieg entfesselt hat, beherrscht werden? Wie [...] kann ihnen eine politische Form gegeben werden?« (Z, 38) Die Russische Revolution hatte das politische Klima entscheidend verändert. Die jungen Redakteure versuchten, die Losung der Oktoberrevolution ›Alle Macht den Sowjets‹ – Sowjet ist das russische Wort für »Rat« – auf die italienischen Verhältnisse anzuwenden, indem sie an die schon bestehende gewerkschaftliche Organisationsform der »Inneren Kommissionen« in den Turiner Fabriken anknüpften: »Heute schränken die Inneren Kommissionen die Macht des Kapitalisten in der Fabrik ein und üben Schieds- und Disziplinarfunktionen aus. Nach ihrer Entwicklung und Qualifizierung werden sie morgen die Organe der proletarischen Macht sein müssen, die den Kapitalisten in allen seinen Leitungs- und Verwaltungsfunktionen ablöst.« (40)

Der Artikel stieß auf enormen Widerhall: Die Autoren wurden zu Diskussionen und Fabrikversammlungen eingeladen, im *Ordine Nuovo* erschien eine Vielzahl von Beiträgen, welche die Selbstorganisation der Arbeiter, die russische Situation und die Vereinbarkeit von Kommunismus und Taylorismus beleuchteten. Aus den russischen Sowjets, wie sie erst aus der Revolution heraus entstanden waren, wurden auf diese Weise in Italien Fabrikräte, in denen die Arbeiter schon vor der Revolution aktiv werden und in ihre neue Rolle der organisatorischen und politischen

Selbstverwaltung hineinwachsen sollten. Bereits in der Nummer vom 13. September 1919 konnte Gramsci die Namen der Delegierten bekanntgeben, die von den zweitausend Arbeitern bei Fiat Brevetti in den neuen Fabrikrat gewählt worden waren. Gramsci spricht von einem ersten Schritt, mit dem die Arbeiterschaft »auf autonome, spontane und freie Weise« die Disziplin hervorbringe, die es ihr erlauben werde, sich zu ihrem »eigenen Herrn und Meister zu machen« (ON, 32). Er ist überzeugt, dass mit dieser Emanzipation auch eine »Verbesserung der Produktion« einhergehen wird, ja er sieht darin geradezu eine »These des Sozialismus«: »Je mehr die menschlichen Produktivkräfte heraustreten aus der Sklaverei, worin der Kapitalismus sie für immer festhalten möchte, je mehr sie ihr eigenes Bewusstsein entwickeln, sich befreien und sich frei organisieren, umso besser werden sie angewandt werden« – auf eine einfache Formel gebracht: »der Mensch arbeitet immer besser als der Sklave« (ebd.).

Die Turiner Fabrikrätebewegung mündete in eine Niederlage für den Kreis der Revolutionäre um den *Ordine Nuovo*. Die unmittelbaren Gründe dafür waren vielfältig, sie reichten von der Isolation des Turiner Proletariats über die Uneinigkeit und Lähmung in der Sozialistischen Partei bis zur militärischen Repression und einer geschickten Taktik der Unternehmer, die den Generalstreik durch Aussperrung früh provozierten. Ein Zeitzeuge berichtet: »Es gab Fabriken [...], wo es den Arbeitern gelang, den Betrieb weiter so in Gang zu halten wie unter der Leitung und Führung des Kapitalisten; aber es gab auch Fabriken, in denen die Produktion – aus vielen Gründen, die nicht nur mit dem Bewusstseinsstand der Massen, sondern mit dem Mangel an Rohstoffen, Führungskräften, Technikern usw. zusammenhingen – einfach nicht mehr aufrechterhalten werden konnte.« (Zit.n. Fiori 1979, 131) Im Oktober 1920 wurde der Generalstreik mit Zugeständnissen an die Arbeiter beendet, die ›aktive‹ Revolution in eine ›passive‹ überführt.

In den *Gefängnisheften* bleibt die Erfahrung der Fabrikrätebewegung als Folie präsent, die Gramsci immer wieder über seine Analyse des Fordismus legt und diesen so als ›passive Revolution‹ kenntlich macht. Wenn die Moralkampagnen der amerikanischen Industriellen bloß dazu dienten, »ein bestimmtes psycho-physisches Gleichgewicht aufrechtzuerhalten, das den physiologischen Zusammenbruch des [...] Arbeiters verhindert«, so ist doch auch denkbar, dass dieses Gleichgewicht zu einem »inneren« werden kann, »wenn es vom Arbeiter selbst vorgeschlagen und nicht von außen auferlegt wird« (9/2087). Heraustreten aus Subalternität heißt dann, »›subjektiv‹ werden zu lassen, was ›objektiv‹ gegeben ist« (5/1124). Für die Subalternen ›objektiv‹ gegeben ist zunächst die »Einheit zwischen Technikentwicklung und den Interessen der herrschenden Klasse«, aber das ist »nur ein historischer Abschnitt der industriellen Entwicklung [...]. Die Verbindung kann sich auflösen.« Allerdings nur unter der Bedingung, »dass das Ensemble der Fabrikbelegschaft als ein ›Gesamtarbeiter‹ aufgefasst« wird und dem Einzelnen durch die rationalisierende Zerlegung der Arbeit nicht »der Zusammenhang des gemeinsamen Werks entgeht« (ebd.). Gramsci fragt also danach, wie sich die Praxis, das Zusammenspiel und die Produktivität, die in der fordistischen Fabrik als äußerliche gesetzt sind, mit dem Bewusstsein eines ›Gesamtarbeiters‹ verbinden lassen, »der begreift, dass er ein solcher ist, und nicht nur in jeder einzelnen Fabrik, sondern in weiteren Bereichen der nationalen und internationalen Arbeitsteilung« (ebd.). Treten die Subalternen nicht aus ihrer beschränkten Zuständigkeit heraus, so bleiben sie passiv an die Entwicklung der technischen Mittel und der internationalen Arbeitsteilung gekettet, die angetrieben wird von den Interessen jener, »welche die Fabrik als Produzentin [...] von Profit begreifen« (ebd.). So gelangt Gramsci auf der Grundlage der fordistischen Fabrik zu einer Vorstellung von Hegemonie, die über nationale Zusammenhänge deutlich hinausgreift. Es stellt sich die Frage, ob und wie sich seine Überlegungen in die Umbrüche hochtechnologischer Produktion und neoliberaler Globalisierung übersetzen lassen.

5.7 Exkurs: Regulationsansatz und Neo-Gramscianismus

Während sich Gramsci vorausschauend die Frage stellt, »ob der Fordismus eine geschichtliche ›Epoche‹ bilden kann« (9/2063), blicken wir heute auf diese Epoche zurück: Historiker beschreiben sie als ›goldenes Zeitalter‹ der Vollbeschäftigung und des steigenden Wohlstands, das nach dem Krieg auch in Europa durch »eine Art Vermählung des wirtschaftlichen Liberalismus mit der sozialen Demokratie« Gestalt annahm (Hobsbawm 1998, 341). Der Kapitalismus war in den letzten Kriegsjahren in den USA und Großbritannien reformiert und mit Instrumenten eines intervenierenden Krisenmanagements versehen worden (der sogenannte Keynesianismus, benannt nach dem britischen Ökonomen John Maynard Keynes). Staatlich abgestützte Kompromisse zwischen Unternehmen und Gewerkschaften, ein Ausbau der Sozialversicherungen, die Einführung eines ›Normalarbeitstags‹ und die regelmäßige Aushandlung von Lohnerhöhungen gingen einher mit der Einbindung breiter Bevölkerungsschichten in ein neues Konsummodell, das sich in der Bundesrepublik nach einer ersten ›Fresswelle‹ mit einem gesteigerten Kaufinteresse für Schuhe und Kleidung, später Haushaltsgeräte bemerkbar machte. Mit den 1960er Jahren setzte die individuelle Massenmotorisierung ein und damit der Massentourismus (nach Andersen 1999, 21). Der Umbruch war tiefgreifend: »Für 80 Prozent der Menschheit hörte das Mittelalter in den fünfziger Jahren mit einem Schlag auf; genauer gesagt, in den sechziger Jahren wurden sich die

Leute dessen bewusst, dass es zu Ende war.« (Hobsbawm 1998, 364)

Fordismus Revisited: Der Regulationsansatz. – Außerhalb Italiens war Gramscis Fordismusansatz zunächst kaum bekannt. Man sprach von ›sozialer Marktwirtschaft‹, Spätkapitalismus oder in marxistisch-leninistischer Terminologie von ›staatsmonopolistischem Kapitalismus‹. Das änderte sich, als sich in den 1970er Jahren die Krise gleich an mehreren Fronten zuspitzte: ökonomisch mit der Rezession von 1973; ideologisch mit der neoliberalen Offensive, die die alten, auf das nationalstaatliche System berechneten keynesianischen Rezepte für untauglich erklärte. Zudem verschärften sich die Lohnauseinandersetzungen. Die Arbeitgeber versuchten, trotz Arbeitskräftemangel den Anstieg der Reallöhne einzudämmen: »Eine Generation von Arbeitern, die daran gewöhnt war, Arbeit zu haben oder zu bekommen, hatte entdeckt, dass die regelmäßigen und willkommenen Lohnerhöhungen, die ihre Gewerkschaften über so viele Jahre ausgehandelt hatten, in Wirklichkeit viel niedriger lagen, als es der Markt hergegeben hätte.« (Hobsbawm 1998, 360)

Bei einer Gruppe von Ökonomen, die größtenteils als Staatsbeamte »nach dem Marshallplan mit der Implementierung des fordistischen Modells in Frankreich beauftragt waren« (Lipietz 1998, 16), bewirkte die Krise eine theoretische Neuausrichtung: Michel Aglietta kehrte 1974 aus den USA »mit einer neuen Fragestellung zurück. Er fragte nicht mehr nach den Ursachen der Krise, sondern danach, warum es bis dahin keine Krise gegeben hatte.« (14) Gramscianische Impulse flossen in den neuen Ansatz vor allem indirekt ein, nämlich über den strukturalen Marxismus des französischen Philosophen Louis Althusser. Jede Gesellschaft muss nicht nur die Produktion organisieren, sondern in eins damit die (Re-)Produktion der Produktionsverhältnisse; Althusser bringt die Institutionen und Apparate in den Blick, in denen

Letzteres geschieht. Er nennt sie ›ideologische Staatsapparate‹ und zählt dazu die Gewerkschaften und Parteien, die Schule, die Familie, die Justiz, die Kirchen. Das Hauptgewicht seiner Analyse liegt allerdings nicht mehr auf Gramscis »›Doppelperspektive‹ im politischen Handeln und im staatlichen Leben«, nämlich »des Zwangs und des Konsenses, der Autorität und der Hegemonie« (7/1553f.), sondern auf der ›Vergesellschaftung von oben‹. Die »rebellischen Söhne Althussers« (Lipietz 1998, 15) lehnten diese einseitige Gewichtung ab. Anstelle festgefügter Machtverhältnisse wollten sie die neue Instabilität und den offenen Charakter der Situation ins Bild bekommen: »Die erste These des Regulationsansatzes haben wir unmittelbar von der Althusser-Schule gelernt. Gesellschaft ist ein Netzwerk sozialer Verhältnisse, und von sozialen Verhältnissen wird angenommen, dass sie sich reproduzieren. Doch insistierten die Althusser-Marxisten so stark auf dieser Reproduktion, dass sie dabei vergaßen, dass diese Verhältnisse widersprüchlich sind und dass sie in jedem Moment der Krise unterworfen sind.« (Ebd.) Wo die Produkte Warenform annehmen, kann nicht garantiert werden, »dass diese Waren auch Käufer finden«, und auch beim Lohnverhältnis ist nicht leicht zu bestimmen, »wie viele Arbeiter arbeiten sollen, in welcher Geschwindigkeit, zu welchem Lohn usw.«, kurz: Die Krise gilt nun als »der natürliche Zustand«, während die Nicht-Krise »ein eher zufälliges Ereignis« (13) darstellt. Indem die Regulationisten auf Distanz zu Althussers ›Funktionalismus‹ gehen, drohen sie ihr Anliegen allerdings nach der Gegenseite hin zu überspannen. Ihre Betonung der Zufälligkeiten und Offenheiten bleibt abstrakt und entfernt sich von Gramscis Hegemoniekonzept, das die eingreifend handelnden Subjekte ins Bild zu bringen versucht. So fasst Lipietz relativ stabile historische Phasen als »glückliche Fundsachen« (104), was eher einem programmatischen Bekenntnis gegen Linearität, Determinismus und Klassenreduktionismus geschuldet scheint als einer differenziert ausgearbeiteten Theorie der Gewinnung gesellschaftlicher Handlungsfähigkeit.

Die Krisenhaftigkeit des Fordismus wird auf folgende Begriffe gebracht:

> »Erstens gab es eine Krise der Arbeitsorganisation, die aufgrund nicht mehr ausreichender Produktivitätszuwächse zweitens zu einer Krise im Akkumulationsregime führte (Rückgang bei den Profiten, also bei der Akkumulation, keine Reallohnsteigerungen und keine Aufstockung der Töpfe des Sozialstaates). Drittens geriet die Regulationsweise, die eine nationale war [...], in Widerspruch zu einer Internationalisierung der Produktion und der Märkte.« (19)

Während Gramsci eine Vielzahl von Phänomenen auf die umkämpfte Herausbildung und Verstetigung der neu sich abzeichnenden fordistischen Produktionsweise bezogen hat – hohe Löhne und den tendenziellen Fall der Profitrate ebenso wie zeitgenössische Diskurse um Sex und Moral oder konkrete Beispiele literarischer Rezeption, Staatskampagnen ebenso wie Arbeitshaltungen –, konzentriert sich die regulationistische Analyse auf die Beschreibung eines Akkumulationsregimes mit seinen politisch-institutionellen Vermittlungen, die sogenannte Regulationsweise. Dem Zuwachs an methodischem Profil steht ein Verlust an subversiver Beweglichkeit gegenüber. Vor allem aber untersuchte Gramsci mit dem Fordismus eine erst heraufziehende gesellschaftliche Konstellation. Die Bewährungsprobe für den Regulationsansatz musste demnach heißen: Was kommt nach dem Fordismus?

»Postfordismus« (Hirsch/Roth 1986), lautete eine der Antworten. Schon die Wortwahl verweist darauf, dass Einigkeit vor allem in der rückblickenden Analyse des Fordismus bestand, während für das, was auf ihn folgte, verschiedene Konzepte ausgearbeitet wurden. Umstritten blieb insbesondere, wie die Entwicklung der Produktivkräfte im Zusammenhang der digitalen Revolution einzuschätzen war. Sie machte neue Formen der Arbeitsorganisation möglich – aber war damit die Ära des Fließbands endgültig vorbei? Oder kam es eher zu Verlagerungen im Rahmen einer neuen internationalen Arbeitsteilung? Der Widerspruch zwischen nationalem Kompromiss und fortschreitender Internationalisierung der Produktion und der Märkte, den Lipietz als einen der Erosionsfaktoren des Fordismus bestimmt hat, lenkt den Blick stärker auf internationale bzw. transnationale Zusammenhänge; die Frage, was an die Stelle des Fordismus getreten ist, kann nur befriedigend beantwortet werden, wenn sie eine Analyse auch jener Phänomene einschließt, die seit den 1980er Jahren als ›Neoliberalismus‹ bzw. ›neoliberale Globalisierung‹ hervorgetreten sind. Mit diesem Bestreben, den globalen Kapitalismus als eine »komplexe Verbindung von Prozessen auf mehreren Ebenen und mit unterschiedlichen und gegensätzlichen Akteuren« (Hirsch 2002, 75) zu analysieren, steht der regulationistische Ansatz nicht allein. Auch auf dem Feld der Internationalen Beziehungen zeichnet sich seit Ende der 1980er Jahre eine »Renaissance der Internationalen Politischen Ökonomie« ab (Bieling/Deppe 1996, 729).

Theorie der neuen Welt(Un-)Ordnung: Neo-Gramscianismus. – »It is easy to state that a global system of political economy has come into being. It is quite another problem to theorise and understand it.« Diese Aussage von 1988 (Gill/Law, XXIII) aus einem Lehrbuch der Internationalen Beziehungen wirft ein Licht auf die Situation der 1980er Jahre: Der geopolitische Umbruch, der im Gange war, ließ sich mit den alten theoretischen Mitteln, die noch als »Problemlösungs-Ansatz« für den Kalten Krieg entwickelt worden waren (Cox 2011, 45), nicht erfassen. Dieser vorwiegend von US-amerikanischen Wissenschaftlern ausgearbeitete sogenannte »Neorealismus« war von Staaten ausgegangen, die sich nur in ihrem Vermögen, »Stärke zu mobilisieren«, voneinander unterschieden. Die rivalisierenden Interessen innerhalb eines Staatensystems sollten »durch den Mechanismus eines Gleichgewichts der Kräfte« unter Kontrolle gehalten werden (47).

Der Kanadier Robert W. Cox hat den Neorealismus zu Beginn der 1980er Jahre in einer Reihe einflussreicher Aufsätze kritisiert. Er folgte dabei Überlegungen, die ein halbes Jahrhundert zuvor von Gramsci in seinem Dialog mit Machiavelli entwickelt worden waren. Gramsci argumentierte, dass »der ›übermäßige‹ (und folglich oberflächliche und mechanische) politische Realismus« mit seinem Beharren auf der »faktischen Wirklichkeit« einem bornierten Verständis von Politik aufsitze: Denn »was ist diese faktische Wirklichkeit? Ist sie vielleicht etwas Statisches und Unbewegliches, oder nicht eher ein Kräfteverhältnis in ständiger Bewegung und Gleichgewichtsverlagerung?« (7/1555) Auch der amerikanische Neorealismus orientierte auf eine Erhaltung des Status quo der Nachkriegsordnung. Sein Brennpunkt war verengt »auf die Frage, wie ein augenscheinlich dauerhaftes Verhältnis zwischen zwei Supermächten zu regulieren sei« (Cox 2011, 46). Er war damit zwar »konservativ«, aber nicht »methodologisch wertfrei« – denn die neorealistische Theorie war wertgebunden gerade »aufgrund der Tatsache, dass sie implizit die bestehende Ordnung als ihren eigenen Rahmen akzeptierte« (45).

Cox stellte dem Neorealismus die Ansätze einer »kritischen Theorie« internationaler Beziehungen entgegen, die zu entwickeln durch eine »Verflüssigung der Machtbeziehungen und eine vielschichtige Krise« seit den 1970er Jahren möglich und notwendig geworden sei (46). Ihre Ausarbeitung nahm konkrete Gestalt an in der »transition from what Gramsci said about hegemony and related concepts to the implications of these concepts for international relations« (Cox 1993, 58). Schon bei Gramsci ist Hegemonie der Ort, wo sich die vielfältigen »Erfordernisse nationaler Art verknoten« (7/1692) und sich darüber hinaus »mit diesen inneren Beziehungen eines Nationalstaates die internationalen Beziehungen verflechten und dabei neue originelle und historisch konkrete Kombinationen hervorbringen« (1561). Ähnlich möchte Cox »die Welt als ein Muster sich gegenseitig beeinflussender sozialer Kräfte darstellen, in dem Staaten eine vermittelnde, wenngleich autonome Rolle [...] spielen« (2011, 64). Aus dieser Perspektive – Cox nennt sie die »polit-ökonomische Sicht auf die Welt« – »*entsteht* Macht aus gesellschaftlichen Prozessen und wird nicht als gegebenes Resultat dieser Prozesse, im Sinne akkumulierter materieller Kapazitäten, verstanden« (ebd.). Indem der Hegemoniebegriff es möglich macht, die Black Box der nur hinsichtlich ihrer Machtfülle betrachteten Staaten aufzuschließen, treten neue Entwicklungen, Handlungsfelder und Akteure ins Bild. Die Transformierung des Staates geschieht durch eine Aufwertung jener staatlichen Agenturen, »die Schlüsselpositionen für die Anpassung der nationalen an die internationale Wirtschaftspolitik einnehmen« (72) – das Resultat ist seither z.B. als »nationaler Wettbewerbsstaat« beschrieben worden (Hirsch 2002, 106 ff.). Die Internationalisierung der Produktion bringt nach Cox die Aufgabe hervor, »in Begriffen einer globalen Klassenstruktur zu denken« (2011, 74). Ferner sieht er eine »transnationale Managerklasse« im Entstehen (74) und konstatiert eine »neue Einflussachse«, die »die internationalen Polit-Netzwerke mit den zentralen Schlüsselagenturen der Regierungen und den großen Unternehmen« verbindet (72).

In den drei Jahrzehnten seit Cox' wegweisender Intervention hat sich der Neo-Gramscianismus zu einem internationalen wissenschaftlichen Projekt mit einer Vielzahl von Strömungen formiert:[21] So wird die neoliberale Globalisierung u.a. von dem

Cox-Schüler Stephen Gill untersucht, der von einer »posthegemonialen Konstellation« ausgeht (zit.n. Opratko/Prausmüller 2011, 21), während das Amsterdamer Projekt (Kees van der Pijl, Henk Overbeek u.a.) eher die These einer »Hegemonie des Neoliberalismus« vertritt (ebd., 23) – bei den vielen abweichenden Meinungen zu diesem Punkt ist daran zu erinnern, dass Hegemonie bei Gramsci nicht ein Begriff ist, der wie eine Mausefalle zuschnappt; entscheidend ist weniger der nackte Befund für oder gegen Hegemonie als vielmehr das sorgfältige Ausarbeiten und Gewichten der Faktoren. Demgegenüber gibt es Bestrebungen, diese Offenheit des Hegemoniebegriffs nicht nur durch begriffliche Schärfung einzuschränken, sondern auch durch eine gewisse »empirische Operationalisierung« (Scherrer 2007, 82).

Gramsci als Joker der Globalisierungstheorie? Für Randall D. Germain und Michael Kenny ist keineswegs klar, »that his conceptual categories can be meaningfully ›internationalized‹ as the new Gramscians propose« (1998, 4). Wenn Gramsci Zivilgesellschaft im nationalen Rahmen als Teil des ›integralen Staats‹ denkt, wie verhält es sich dann im globalen Maßstab? Die beiden Kritiker halten es für ein Paradox, dass Gramsci, der im frühen 20. Jahrhundert noch ganz andere Verhältnisse untersucht habe, zum Ausgangspunkt geworden sei »to theorize not only the existence of a global civil society disembedded from the nation-state, but also a form of hegemony reliant on transnational social forces« (ebd.). Tatsächlich stünde es in direktem Widerspruch zu Gramsci, die Begriffe mechanisch von einem Kontext auf den nächsten zu übertragen und damit »die sogenannten theoretischen Fragen zu behandeln, als ob sie eine Bedeutung für sich selbst hätten, unabhängig von jeder bestimmten Praxis« (5/1120). Der Neo-Gramscianismus kann sich demgegenüber nur als Projekt bewähren, das eine fortschreitende und reflektierte ›Übersetzung‹ gramscianischer Konzepte in die neue geschichtliche Situation leistet.

Indien, Lateinamerika, Nordamerika, Europa – der moderne Klassiker der Globalisierung ist heute auch ein globalisierter Klassiker geworden. Das ist möglich, weil eine selbstbewusste und dialektische Entprovinzialisierung sowie das Übersetzen zwischen Sprachen und Kulturen, zwischen Zentrum und Peripherie, zwischen Theorie und Praxis zu den gelebten und reflektierten Erfahrungen des sardischen Denkers von Weltformat gehören. Und es wird weiterhin möglich sein, wenn es gelingt, sein Denken je aus den Verhältnissen heraus neu zu beleben. »Kurz: es muss immer das Prinzip gelten, dass die Ideen nicht von anderen Ideen geboren werden, dass die Philosophien nicht von anderen Philosophien entbunden werden, sondern dass sie immer aufs neue Ausdruck des wirklichen Geschichtsprozesses sind.« (5/1120)

Anhang

Anmerkungen

1 Auch »wer Anhänger einer anderen oder der gegnerischen Partei ist«, dem »gehören« diese Briefe, schreibt Croce (*Quaderni della Critica*, Bd. 3, Nr. 8, 1947). Gramsci habe »die Würde des Menschen« gegen ein »hassenswertes Regime« verteidigt und er sei, »als Mann des Denkens«, einer »der unseren«. – Weniger begeistert liest sich die Besprechung des 1948 erschienenen Bandes *Il materialismo storico e la filosofia di Benedetto Croce*, den er auf den Status einer Ansammlung nicht durchgearbeiteter, vorläufiger und daher auch nicht publikationswürdiger Notizen herunterstuft (*Quaderni della Critica*, Bd. 4, Nr. 19, 1948). – Zwei weitere Rezensionen folgen zu *Gli intellettuali e l'organizzazione della cultura* (Bd. 5, Nr. 13, 1949) und *Il Risorgimento* (Bd. 5, Nr. 15, 1949).

2 Für Lesegruppen konzipiert wurde *Gramsci lesen. Einstiege in die Gefängnishefte*, hrsg. v. Florian Becker, Mario Candeias, Janek Niggemann u. Anne Steckner, 2014. Thematische Auswahlbände liegen vor zu *Erziehung und Bildung* (2004), hrsg. v. Andreas Merkens; *Amerika und Europa* (2007), hrsg. v. Thomas Barfuss; *Literatur und Kultur* (2012), hrsg. v. Ingo Lauggas. Alle Bände sind im Argument-Verlag, Hamburg, erschienen.

3 Gerratana wahrt die zeitliche Abfolge, in der die Hefte entstanden sind, und nimmt sämtliche Erst- (A-Texte) und Zweitfassungen (C-Texte) sowie die in nur einer Fassung vorliegenden Aufzeichnungen (B-Texte) in seine Ausgabe auf. Im kritischen Apparat wird der Inhalt der vier Übersetzungshefte zwar beschrieben, doch die Übersetzungen selbst, mit denen Gramsci seine schriftstellerische Tätigkeit im Gefängnis begann, nachdem er die Schreiberlaubnis erhalten hatte, werden nicht wiedergegeben (mit Ausnahme der marxschen *Feuerbachthesen* und des Vorworts zur *Kritik der politischen Ökonomie* von 1859). Persönliche Aufzeichnungen wie Bücherlisten oder Rechnungen bringt er im Kommentarteil. Diese kritische Ausgabe wurde zum

Ausgangspunkt für Übersetzungsprojekte ins Deutsche, Englische, Französische und Spanische und damit zur Grundlage der neueren internationalen Gramsci-Forschung. Seit 2007 erscheint die *Edizione Nazionale degli scritti di Antonio Gramsci*, die sämtliche Schriften, Briefe und Übersetzungen in 23 Bänden zugänglich machen soll.

4 Labriola lehrte Philosophie in Rom und war der Erste, der an einer italienischen Universität einen »Kursus über die Entstehungsgeschichte der Marxschen Theorie« gab (Engels an Sorge, 30.12.1893; MEW 39, 188). In dem grundlegenden Aufsatz *Über den historischen Materialismus* spricht er von der »Philosophie der Praxis« als dem »Kernpunkt des historischen Materialismus« (1896/1974, 318).

5 Die Krise als ›Normalfall‹ behandeln z.B. Regulationstheoretiker wie Alain Lipietz (vgl. Kapitel 5.7); nach Joachim Hirsch hat die Weltordnung im postfordistischen Kapitalismus »einen grundsätzlich nicht hegemonialen Charakter« und sei »demzufolge hochgradig instabil« (2002, 146).

6 Als »Cäsarismus« bezeichnet Gramsci eine Situation, »in der die sich bekämpfenden Kräfte sich in katastrophaler Weise im Gleichgewicht halten«, so dass ein ›Cäsar‹ oder eine ›cäsaristische Lösung‹ sich etabliert (7/1592), wobei »das Element der Revolution oder das der Restauration« überwiegen kann (1595).

7 http://www.google.com/about/company/philosophy/, besucht am 10.10. 2013.

8 In den Jahren 1931 und 1932, die den Höhepunkt von Gramscis intellektuellem Schaffen darstellen, »erfährt der Briefwechsel eine solche Intensität und dramatische Bündelung, dass häufig die Briefe und nicht die Notizen der Gefängnishefte den deutlichsten Einblick in Gramscis Gedankenwelt erlauben« (Apitzsch/Kammerer, Einleitung, GB III, 11). An der Kontroverse um die Psychoanalyse und Wege aus Giulias Krankheit beteiligen sich neben Gramsci und Giulia selbst auch Piero Sraffa und vor allem Tanja, die in ihrem Brief vom 23.2. 1932 in ebenso einfühlsamer wie scharfsinniger Weise die Grenzen von Gramscis »Vorschlag der Eigentherapie« (GB III, 219) für Giulia aufzeigt (vgl. Vacca 2012, 167 ff.). Den Zusammenhang von Psychoanalyse und Fordismus werden wir im fünften Kapitel näher untersuchen.

9 Dies ist nur ein Puzzlestück, das Anderson in *The Antinomies of Antonio Gramsci* (engl. 1977, dt. 1979) zum Gesamtbild mehrerer vermeint-

lich unverträglicher Versionen des Hegemoniebegriffs bei Gramsci zusammensetzt. Obwohl Andersons Studie eher eine Intervention in eine bestimmte politische Konjunktur der 1970er Jahre darstellte, bleibt sie in der englischsprachigen Welt auch nach dreißig Jahren »an obligatory reference for all studies on the theme« (Thomas 2009, 82). Sowohl das methodische Vorgehen wie die philologische Stimmigkeit sind allerdings seither triftiger Kritik unterzogen worden. Thomas schließt seinen informativen Überblick über die Kontroverse mit folgendem Fazit: »These critiques [...] call seriously into question some of the fundamental presuppositions of *The Antinomies of Antonio Gramsci*: on the one hand, they invite us to revisit the ›philological infrastructure‹ of Anderson's reading, in the light of new findings; on the other hand, they provide good reason to argue that [...] they are not applicable to, and their object of condemnation cannot be found within, Gramsci's text itself.« (81)

10 Aus eigener Erfahrung gibt Gramsci ein drastisches Beispiel für die Dialektik der »Doppelperspektive im politischen Handeln und im staatlichen Leben«: Es kann vorkommen, »dass ein Individuum, je mehr es die eigene unmittelbare körperliche Existenz zu verteidigen gezwungen ist, umso mehr alle komplexen und höchsten Werte der Kultur und der Menschheit verficht und sich auf ihren Standpunkt stellt« (7/1554).

11 Der Haupttitel lautet: *Theorie des Historischen Materialismus*. Gramsci verwendet, bis auf eine Stelle, stets den Untertitel. Dort erklärt er, warum »der Titel nicht dem Inhalt des Buches entspricht« (3/472).

12 Der Schriftsteller Paul Nizan, der im Alter von 35 Jahren dem deutschen Angriffskrieg auf Frankreich 1940 zum Opfer fiel, hat mit Jean-Paul Sartre an der École Normale Supérieure in Paris Philosophie studiert. Er schrieb mehrere Romane und entfaltete eine intensive journalistische Tätigkeit. Um mehr über ihn zu erfahren, liest man am besten Sartres Vorwort zu *Aden. Die Wachhunde*, Reinbek 1969. Der Band enthält überdies eine Dokumentation zum Austritt Nizans aus der Kommunistischen Partei.

13 Auf ökonomischem Gebiet unterscheidet Gramsci die »organische« Krise von der »konjunkturellen«. Sie ist »organisch«, wenn ihre »Quantität zu Qualität« wird (5/1070), bzw. sie ist dann »›strukturell‹ und nicht konjunkturell« (7/1680).

14 Der Ökonom und Soziologe Achille Loria gehört zu denjenigen Intellektuellen, die der Arbeiterbewegung einen Bärendienst erwiesen haben, weil sie, wie Engels im Nachwort zu dem von ihm herausgegebenen dritten Band von Marx' *Kapital* schreibt, die marxsche Theorie »auf ein ziemlich philiströses Niveau« heruntergebracht haben, indem sie »überall und immer die politischen Zustände und Ereignisse« unmittelbar auf die ihnen vermeintlich »entsprechenden ökonomischen Zustände« zurückführen. Diese »Entdeckung«, so Engels, sei keineswegs »von Marx im Jahr 1845, sondern von Herrn Loria 1886« gemacht worden (MEW 25, 25). Vgl. zum ›Lorianismus‹ das Stichwort von Ingo Lauggas in HKWM 8/II.

15 Zur Kriminalität und der Herausbildung einer neuen »Law-and-Order Society« vgl. Hall u.a. 1978. ›Thatcherismus‹ zuerst in »The Great Moving Right Show«, später aufgenommen in *The Hard Road to Renewal* (1988). Die Analyse von New Labour z.B. in »New Labours doppelte Kehrtwende« von 2003 (dt. in Hall 2014); die ganze Entwicklung 2011 in »The Neoliberal Revolution. Thatcher, Blair, Cameron – the Long March of Neoliberalism Continues« (dt. ebd., 235 f., 239).

16 »Die Philosophen haben die Welt nur verschieden *interpretiert*, es kömmt drauf an, sie zu *verändern*.« (MEW 3, 7)

17 *La réforme intellectuelle et morale* ist der Titel eines Buches von Ernest Renan, mit dem eine Aufarbeitung der französischen Niederlage im Krieg von 1871 beansprucht wird. Der katholische Intellektuelle Renan hält insbesondere den Bildungsinstitutionen den Spiegel vor, wenn er den Sieg der Preußen auf ein überlegenes Schulsystem zurückführt; in Preußen habe der Protestantismus mit seiner Forderung nach Gewissensfreiheit als ein entscheidendes intellektuelles und moralisches Bildungselement gewirkt. Ähnlich wie Croce schlägt Renan der katholischen Kirche ein Nichteinmischungskonzept vor: Freiheit des Geistes für die intellektuelle Elite, religiöse Erziehung fürs Volk.

18 Mit ›Amerika‹ und ›Amerikanismus‹ bezieht sich Gramsci jeweils auf die USA.

19 Gramsci kannte Fords *Mein Leben und Werk* in einer französischen Übersetzung von 1926 sowie das gleichzeitig erschienene *Aujourd'hui et demain*; zudem möglicherweise *Perchè questa crisi mondiale* aus dem

Jahr 1931 (vgl. Gef, 10/212 u. 305). Fords antisemitische Propagandaschriften, worin »der ›Autokönig‹ das ›schaffende‹ Industriekapital dem ›raffenden‹ Finanz- und Bankkapital entgegensetzt und Letzteres mit dem jüdischen Einfluss in der Wirtschaft identifiziert« (Tanner 1999, 581), hat Gramsci wahrscheinlich nicht gekannt.

20 Aus Gründen, die wir nicht kennen, hat Gramsci die drei Babbitt-Notate (3/659; 4/747; 6/1455) nicht ins Themenheft »Amerikanismus und Fordismus« aufgenommen. Sie sind von besonderem Interesse, weil sie die Fordismusthematik auf die Mittelschicht und die traditionellen Intellektuellen ausweiten. Zum amerikanischen und europäischen Spießer vgl. Barfuss 2002.

21 Einen guten Überblick gibt der Band von Opratko/Prausmüller 2011; auch Opratkos Einführungsband *Hegemonie* (2012) widmet dem »Hegemoniebegriff in der neogramscianischen Internationalen Politischen Ökonomie« ein ausführliches Kapitel (65-121).

Literatur

Siglen

Gef *Gefängnishefte*, kritische Gesamtausgabe auf der Grundlage der von Valentino Gerratana besorgten Edition, hrsg. v. Klaus Bochmann, Wolfgang Fritz Haug u. Peter Jehle (ab Bd. 7), 10 Bde., Hamburg 1991-2002 (zit. mit Band/Seite).

GB I *Gefängnisbriefe*. Briefwechsel mit Giulia Schucht, m. einem Vorw. v. Mimma Paulesu Quercioli u. e. Einl. v. Ursula Apitzsch, übers. v. Elisabeth Schweiger, Peter Kammerer, Armin Bernhard, Eleonora Beltrani u. Ursula Apitzsch, Hamburg/Frankfurt/M. 1995.

GB II *Gefängnisbriefe*. Briefwechsel mit Tatjana Schucht 1926-1930, m. einem Vorw. v. Ursula Apitzsch u. Einleitungen v. Peter Kammerer u. Aldo Natoli, Hamburg/Frankfurt/M. 2008.

GB III *Gefängnisbriefe*. Briefwechsel mit Tatjana Schucht 1931-1935, mit e. Einleitung v. Ursula Apitzsch u. Peter Kammerer, Hamburg/Frankfurt/M. 2014.

LC *Lettere dal carcere*, hrsg. v. Sergio Caprioglio u. Elsa Fubini, Turin 1965.

Briefe *Briefe 1908-1926*. Eine Auswahl, hrsg. v. Antonio A. Santucci, a. d. Ital. v. Klaus Bochmann, Wien/Zürich 1992.

N *Antonio Gramsci – vergessener Humanist? Eine Anthologie*, hrsg. v. Harald Neubert, Berlin 1991.

ON *L'Ordine Nuovo 1919-1920*, Turin 1954.

Z *Zu Politik, Geschichte und Kultur*, hrsg. v. Guido Zamis, Frankfurt/M. 1980.

Zitierte Literatur

Abendroth, Wolfgang, »Das Unpolitische als Wesensmerkmal der deutschen Universität«, in: *Nationalsozialismus und die deutsche Universität* (Universitätstage 1966. Veröffentlichung der Freien Universität Berlin), Berlin/W. 1966, 189-208.

ders., *Sozialgeschichte der europäischen Arbeiterbewegung* (1964), Frankfurt/M. 1981.

Adorno, Theodor W., *Philosophie und Soziologie*, hrsg. v. Dirk Braunstein, Nachgelassene Schriften, Abteilung VI: Vorlesungen, Bd. 6, Berlin 2011.

ders., u. Max Horkheimer, *Dialektik der Aufklärung. Philosophische Fragmente* (1947), in: Adorno, *Gesammelte Schriften*, Bd. 3, hrsg. v. Rolf Tiedemann, Frankfurt/M. 1981.

Andersen, Arne, *Der Traum vom guten Leben. Alltags- und Konsumgeschichte vom Wirtschaftswunder bis heute*, Frankfurt/M./New York 1999.

Anderson, Perry, *Antonio Gramsci. Eine kritische Würdigung*, a. d. Engl. v. Walle Bengs, Berlin 1979.

Asor Rosa, Alberto, *Scrittori e popolo. Il populismo nella letteratura italiana contemporanea* (1965), Turin 1988.

Barfuss, Thomas, *Konformität und bizarres Bewusstsein. Zur Verallgemeinerung und Veraltung von Lebensweisen in der Kultur des 20. Jahrhunderts*, Hamburg 2002.

Barker, Chris, *Cultural Studies. Theory and Practice, with a foreword by Paul Willis*, London u.a., 2. Aufl. 2003.

Becker, Florian u. Mario Candeias, Janek Niggemann, Anne Steckner (Hrsg.), *Gramsci lesen. Einstiege in die Gefängnishefte*, Hamburg 2014.

Bieling, Hans-Jürgen u. Frank Deppe, »Gramscianismus in der Internationalen Politischen Ökonomie«, in: *Argument* 217, 38. Jg., Heft 5/6, 1996, 729-740.

Bloch, Ernst, *Thomas Münzer als Theologe der Revolution* (1921), Frankfurt/M. 1969.

ders., *Das Prinzip Hoffnung* (1959), 3 Bde., Frankfurt/M. 1979.

Bochmann, Klaus, *Lebendige Philologie. Studien zur Soziolinguistik, Gesellschaftstheorie und zur Wissenschaftsgeschichte der Romanistik*, hrsg. v.

Jürgen Erfurt u. Falk Seiler unter Mitarbeit v. Sylvia Kolbe u. Ulrike Klemmer, Leipzig 1999.

Bourdieu, Pierre, *Die feinen Unterschiede. Kritik der gesellschaftlichen Urteilskraft* (1979), a. d. Frz. v. B. Schwibs u. A. Russer, Frankfurt/M. 1987.

Brecht, Bertolt, *Große kommentierte Berliner und Frankfurter Ausgabe*, hrsg. v. W. Hecht, J. Knopf, W. Mittenzwei, K.-D. Müller, 30 Bde., 1989 ff. (zit. GA).

ders., *Gesammelte Werke*, 20 Bde., Frankfurt/M. 1967 (zit. GW).

Brissa, Ettore, »Übersetzbarkeit und Einheit der Kultur bei Gramsci«, in: *Das Argument* 219, Heft 2, 1997, 183-9.

Bucharin, Nikolai, *Theorie des Historischen Materialismus. Gemeinverständliches Lehrbuch der Marxistischen Soziologie*, a. d. Russ. v. Frida Rubiner, Hamburg 1922.

Buttigieg, Joseph A., »Sulla categoria gramsciana di ›subalterno‹«, in: *Gramsci da un secolo all'altro*, hrsg. v. G. Baratta u. G. Liguori, Roma 1999, 27-38.

Cox, Robert W., »Gramsci, Hegemony And International Relations: An Essay In Method« (1983), in: Gill, Stephen (Hg.), *Gramsci, Historical Materialism And International Relations*, Cambridge 1993, 49-66.

ders., »Soziale Kräfte, Staaten und Weltordnungen. Jenseits einer Theorie Internationaler Beziehungen«, in: Opratko/Prausmüller (Hg.), 2011, 39-83.

Crehan, Kate, *Gramsci, Culture and Anthropology*, London 2002.

Dath, Dietmar, »Schwerer Fenstersturz. Dunkle ›Multitude‹: Toni Negri und Michael Hardt legen nach«, in: FAZ, 22.11.2004, 35.

De Certeau, Michel, *Kunst des Handelns* (1980), a. d. Frz. v. R. Vouillé, Berlin/W. 1988.

De Sanctis, Francesco, *Storia della letteratura italiana*, 2 Bde., 3. Aufl., Napoli 1879.

Drügh, Heinz, Christian Metz u. Björn Weyand (Hg.), *Warenästhetik. Neue Perspektiven auf Konsum, Kultur und Kunst*, Berlin 2011.

Dubiel, Helmut, *Ungewissheit und Politik*, Frankfurt/M. 1994.

Eco, Umberto, »Phänomenologie des Quizmasters (Mike Bongiorno)« (1961), in: ders., *Platon im Striptease-Lokal. Parodien und Travestien*, a. d. Ital. v. Burkhart Kroeber, 10. Aufl., München 2005, 22-31.

Fiori, Giuseppe, *Das Leben des Antonio Gramsci*, a. d. Ital. v. Renate Heimbucher u. Susanne Schoop, Berlin 1979.

Fiske, John, *Lesarten des Populären* (1989), aus d. Engl. v. Christina Lutter, Markus Reisenleitner u. Stefan Erdei, Wien 2003.

Fontana, Benedetto, *Hegemony and Power. On the Relation between Gramsci and Machiavelli*, Minneapolis/London 1993.

Foucault, Michel, *Was ist Kritik?*, a. d. Franz. v. Walter Seitter, Berlin 1992.

ders., *Überwachen und Strafen. Die Geburt des Gefängnisses*, a. d. Franz. v. Walter Seitter, Frankfurt/M. 1994.

Freud, Sigmund, »Über Psychoanalyse« (1909), in: ders., *Gesammelte Werke*, chronolog. geordnet, Bd. 8, Frankfurt/M. 1969.

Germain, Randall D. u. Michael Kenny, »Engaging Gramsci: International Relations Theory And The New Gramscians«, in: *Review of International Studies*, Bd. 24, 1/1998, 3-21.

Gill, Stephen u. David Law, *The Global Political Economy. Perspectives, Problems, and Politics*, New York, London u.a. 1988.

Gramsci, Antonio, *Erziehung und Bildung. Gramsci Reader*, hrsg. v. Andreas Merkens, Hamburg 2004.

ders., *Amerika und Europa. Gramsci Reader*, hrsg. v. Thomas Barfuss, Hamburg 2007.

ders., *Literatur und Kultur. Gramsci Reader*, hrsg. v. Ingo Lauggas, Hamburg 2012.

Guha, Ranajit, »Preface« (1982), in: *Selected Subaltern Studies*, hgg. v. R. Guha u. G. Ch. Spivak, Oxford u.a. 1988, 35f.

ders., »Omaggio a un maestro«, in: *Gramsci le culture e il mondo*, hrsg. v. Giancarlo Schirru, Rom 2009, 31-40.

Guicciardini, Francesco, »Ricordi« (1530), in: *Opere*, Bd. 1, hrsg. v. E. L. Scarano, Turin 1970.

Habermas, Jürgen, *Faktizität und Geltung. Beiträge zur Diskurstheorie des Rechts und des demokratischen Rechtsstaats*, 4. Aufl., Frankfurt/M. 1994.

Hall, Stuart, *The Hard Road To Renewal. Thatcherism and the Crisis Of the Left*, London/New York 1988.

ders., »Kulturelle Identität und Diaspora«, in: ders., *Rassismus und kulturelle Identität* (Ausgewählte Schriften 2), hrsg. u. übers. v. Ulrich Mehlem, Dorothee Bohle, Joachim Gutsche, Matthias Oberg u. Dominik Schrage unter Mitarbeit v. Britta Grell u. Dominique John, mit einer Bibl. der Werke Halls von Juha Koivisto, Hamburg 1994, 26-43.

ders., »Das theoretische Vermächtnis der Cultural Studies«, in: ders., *Cultural Studies. Ein politisches Theorieprojekt* (Ausgewählte Schriften 3), hrsg. u. übers. v. Nora Räthzel, Hamburg 2000, 34-51.

ders., »Das Aufbegehren der Cultural Studies und die Krise der Geisteswissenschaften«, in: Hepp, Andreas u. Carsten Winter (Hg.), 2003, 33-50.

ders., »Eine permanente neoliberale Revolution?«, in: ders., *Populismus, Hegemonie, Globalisierung* (Ausgewählte Schriften 5), hrsg. v. Victor Rego Diaz, Juha Koivisto und Ingo Lauggas, Hamburg 2014, 228-53.

ders. u. Chas Critcher, Tony Jefferson, John Clarke, Brian Roberts, *Policing the Crisis. Mugging, the State, and Law and Order*, London 1978.

Haug, Frigga, »Mit Gramsci die Geschlechterverhältnisse begreifen«, in: Merkens/Rego Diaz (Hg.), 2007, 33-53.

Haug, Wolfgang Fritz, »Strukturelle Hegemonie«, in: ders., *Pluraler Marxismus*, Bd. 1, Berlin/W. 1985, 158-84.

ders., *Die Faschisierung des bürgerlichen Subjekts. Die Ideologie der gesunden Normalität und die Ausrottungspolitiken im deutschen Faschismus. Materialanalysen*, Berlin 1986.

ders., *Gorbatschow. Versuch über den Zusammenhang seiner Gedanken*, Hamburg 1989.

ders., »Hegemonie«, HKWM 6/I, 2004, 1-25.

ders., *Philosophieren mit Brecht und Gramsci*, 2. erw. Ausg., Hamburg 2006.

ders., *Die kulturelle Unterscheidung. Elemente einer Philosophie des Kulturellen*, Hamburg 2011.

ders., *Hightech-Kapitalismus in der großen Krise*, Hamburg 2012.

Hegel, Georg Wilhelm Friedrich, *Vorlesungen über die Philosophie der Geschichte, Werke 12*, Frankfurt/M. 1986.

Hepp, Andreas, *Cultural Studies und Medienanalyse. Eine Einführung*, 2. Aufl., Wiesbaden 2004.

ders. u. Carsten Winter (Hg.), *Die Cultural Studies Kontroverse*, a. d. Engl. v. Thomas Laugstien, Lüneburg 2003.

Heym, Stefan, »Rede auf der Berliner Demonstration«, in: ders., *Stalin verlässt den Raum. Politische Publizistik*, Leipzig 1990, 288f.

Hirsch, Joachim u. Roland Roth, *Das neue Gesicht des Kapitalismus. Vom Fordismus zum Post-Fordismus*, Hamburg 1986.

Hirsch, Joachim, *Herrschaft, Hegemonie und politische Alternativen*, Hamburg 2002.

Historisch-kritisches Wörterbuch des Marxismus, hrsg. v. W. F. Haug, Bde. 1 – 8/II, Hamburg 1994–2014 (ab Bd. 7/I hrsg. v. W. F. Haug, F. Haug, P. Jehle; ab Bd. 8/I außerdem von W. Küttler; zit. HKWM).

Hobsbawm, Eric, *Das Zeitalter der Extreme. Weltgeschichte des 20. Jahrhunderts*, a. d. Engl. v. Yvonne Badal, München 1998.

ders., *Wie man die Welt verändert. Über Marx und den Marxismus*, a. d. Engl. v. Thomas Atzert u. Andreas Wirthensohn, München 2012.

Jehle, Peter, »Alltagsverstand«, HKWM 1, 1994, 162-167.

Kammerer, Peter, »Einleitung«, in: Natoli 1993, 7-16.

Kant, Immanuel, »Der Streit der Fakultäten« (1798), *Werkausgabe*, Bd. 11, hrsg. v. W. Weischedel, Frankfurt/M. 1968, 267-393.

Labriola, Antonio, *Über den historischen Materialismus* (1896), hrsg. v. A. Ascheri-Osterlow u. C. Pozzoli, Frankfurt/M. 1974.

Laclau, Ernesto u. Chantal Mouffe, *Hegemonie und radikale Demokratie. Zur Dekonstruktion des Marxismus*, hrsg. u. übers. v. Michael Hintz u. Gerd Vorwallner, Wien 1991.

Lash, Scott, »Posthegemoniale Macht: Cultural Studies im Wandel?«, in: Winter, Rainer (Hg.), *Die Zukunft der Cultural Studies. Theorie, Kultur und Gesellschaft im 21. Jahrhundert*, Bielefeld 2011, 95-126.

Lenin, »Was tun?« (1902), in: *Lenin Werke* 5, 355-551.

ders., »Staat und Revolution« (1917), in: *Lenin Werke* 25, 393-507.

ders., »Zur Frage der Nationalitäten oder der ›Autonomisierung‹« (1922), in: *Lenin Werke 36*, 590-2.

Lipietz, Alain, *Nach dem Ende des »Goldenen Zeitalters«. Regulation und Transformation kapitalistischer Gesellschaften. Ausgewählte Schriften*, hrsg. v. Hans-Peter Krebs, Berlin/Hamburg 1998.

Luxemburg, Rosa, »Zur russischen Revolution« (1918), in: *Gesammelte Werke*, Bd. 4, Berlin/DDR 1983, 332-65.

Machiavelli, Niccolò, *Der Fürst*, übers. v. R. Zorn, 6. Aufl., Stuttgart 1978.

ders., *Discorsi. Gedanken über Politik und Staatsführung*, übers. v. R. Zorn, Stuttgart 1977.

Marx-Engels Werke, 43 Bde., hrsg. v. Institut für Marxismus-Leninismus beim ZK der SED, Berlin/DDR 1957 ff.; Neuauflagen ab 1990 und Bd. 43 hrsg. v. Institut für Geschichte der Arbeiterbewegung, Berlin (zit. MEW).

Meckel, Miriam, »Vielfalt im digitalen Medienensemble. Medienpolitische Herausforderungen und Ansätze«, in: Hachmeiser, Lutz u. Dieter

Anschlag (Hg.), *Rundfunkpolitik und Netzpolitik. Strukturwandel der Medienpolitik in Deutschland*, Köln 2013, 283-317.

Merkens, Andreas u. Victor Rego Diaz (Hg.), *Mit Gramsci arbeiten. Texte zur politisch-praktischen Aneignung Antonio Gramscis*, Hamburg 2007.

Natoli, Aldo, *Tanja Schucht und Antonio Gramsci. Eine moderne Antigone*, übers. u. eingel. v. P. Kammerer, Frankfurt/M. 1993.

Nizan, Paul, *Aden/Die Wachhunde. Zwei Pamphlete*, hrsg. u. übers. v. T. König, Reinbek 1969.

Opratko, Benjamin, *Hegemonie. Politische Theorie nach Antonio Gramsci*, Münster 2012.

Opratko, Benjamin u. Oliver Prausmüller (Hg.), *Gramsci global. Neogramscianische Perspektiven in der Internationalen Politischen Ökonomie*, Hamburg 2011.

Ortega y Gasset, José, *Der Aufstand der Massen* (1930), Hamburg 1957.

Pasolini, Pier Paolo, *Freibeuterschriften. Die Zerstörung der Kultur des Einzelnen durch die Konsumgesellschaft*, neu hrsg. v. Peter Kammerer, Berlin 1998.

Porcaro, Mimmo, »Linke Parteien in der fragmentierten Gesellschaft«, in: *Luxemburg* 2011, H. 4, 28-34.

ders., »Occupy Lenin«, in: *Luxemburg* 2013, H. 1, 132-38.

Procacci, Giuliano, *Geschichte Italiens und der Italiener*, a. d. Ital. v. Friederike Hausmann, München 1983.

Prokop, Dieter, *Medien-Macht und Massen-Wirkung. Ein geschichtlicher Überblick*, Freiburg i.B. 1995.

Rademacher, Ingrid, *Legitimation und Kompetenz. Zum Selbstverständnis der Intelligenz im nachrevolutionären Frankreich 1794-1824*, Frankfurt/M./Berlin u.a. 1993.

Rehmann, Jan, *Postmoderner Links-Nietzscheanismus. Deleuze & Foucault. Eine Dekonstruktion*, Hamburg 2004.

ders., *Einführung in die Ideologietheorie*, Hamburg 2008.

ders., »Verbindende Partei oder zurück zum ›Bewegungskrieg‹?«, in: *Luxemburg* 2013, H. 1, 140-43.

Said, Edward W., »Foreword«, in: *Selected Subaltern Studies*, hrsg. v. R. Guha u. G. Ch. Spivak, Oxford u.a. 1988, v-x.

Scherrer, Christoph, »Hegemonie: empirisch fassbar?«, in: Merkens/Rego Diaz (Hg.), 2007, 71-84.

Tanner, Jakob, »Fordismus«, HKWM 4, 1999, 580-8.

Thomas, Peter, *The Gramscian Moment. Philosophy, Hegemony and Marxism*, Leiden/Boston 2009.

Tocqueville, Alexis de, *Über die Demokratie in Amerika*, hrsg. v. J. P. Mayer, T. Eschenburg u. H. Zbinden, übers. v. H. Zbinden, 2 Bde., Stuttgart 1959/1962.

Ullrich, Wolfgang, »Philosophen haben die Welt immer nur verschieden interpretiert – verändern Produktdesigner sie auch?«, in: Drügh u.a. 2011, 111-28.

Vacca, Giuseppe, *Vita e pensieri di Antonio Gramsci 1926-1937*, Turin 2012.

Votsos, Theo, *Der Begriff der Zivilgesellschaft bei Antonio Gramsci. Ein Beitrag zu Geschichte und Gegenwart politischer Theorie*, Hamburg 2001.

Weber, Alfred, »Der Beamte« (1910), in: *Der Goldene Schnitt. Große Essayisten der Neuen Rundschau 1890-1960*, hrsg. v. Christoph Schwerin, Frankfurt/M. 1960, 65-84.

Williams, Raymond, *Marxism and Literature*, Oxford 1977.

Willis, Paul, *Learning to Labour. Spaß am Widerstand* (1977), unter Verwendung der urspr. Übers. v. Nils Thomas Lindquist neu übers. v. Ines Langemeyer, Else Laudan u. Kolja Swingle, Hamburg 2013.

Zaretsky, Eli, *Freuds Jahrhundert. Die Geschichte der Psychoanalyse*, a. d. Amerik. v. Klaus Binder u. Bernd Leineweber, Wien 2006.

Zeittafel

1891 Antonio Gramsci wird am 22. Januar in Ales (Sardinien) als viertes von sieben Geschwistern geboren. Der Vater Francesco, dessen Familie albanische Wurzeln hat, arbeitet beim Finanzamt.

1897 Die Mutter Giuseppina Marcias zieht in ihren Herkunftsort Ghilarza. Zur körperlichen Behinderung des kleinen »Nino« (er wird zeitlebens klein und bucklig bleiben) kommt bittere Armut, weil der Vater wegen Unregelmäßigkeiten in der Amtsführung angeklagt und zu einer langjährigen Haftstrafe verurteilt wird.

1911 Gramsci legt das Abitur ab. Obwohl ein guter Schüler, musste er nach der Volksschule zuerst arbeiten, um mit Unterstützung von Mutter und Schwestern das Gymnasium besuchen zu können. Er gewinnt ein Stipendium und beginnt ab November das Studium in Turin.

1915 Gramsci vertauscht seine akademischen Studien (v.a. Sprachwissenschaft, Literatur und Philosophie), die von Isolation sowie gesundheitlichen und finanziellen Krisen überschattet waren, mit der Redaktionsstube: Als Mitglied der Turiner Redaktion des *Avanti!* und Mitarbeiter anderer Blätter entfaltet er fortan eine intensive politische und journalistische Tätigkeit (darunter *La città del futuro* und die Kolumne *Sotto la mole*).

1917 Gramsci schreibt über die Ziele der Revolution in Russland und organisiert Arbeiterkundgebungen. Nach der Verhaftung aller führenden Sozialisten Turins wird er Sekretär der Turiner Parteisektion und leitet den *Grido del Popolo*.

1919 Die von Gramsci mitbegründete Wochenschrift *L'Ordine Nuovo* wird zum organisatorischen Zentrum der Turiner Fabrikrätebewegung.

1921 Gründung der Kommunistischen Partei Italiens (PCI) in Livorno. Gramsci ist Mitglied des Zentralkomitees, beurteilt die Umstände der Abspaltung von der Sozialistischen Partei aber als Schwächung der Linken. Er erkennt die Gefahr des Faschismus und befürwortet eine Einheitsfront.

1922 Als Vertreter des PCI reist Gramsci zum Kongress der Kommunistischen Internationale nach Moskau. Im Sanatorium, das er wegen gesundheitlicher Probleme aufsucht, trifft er Giulia Schucht. Gramsci erfährt ihre Liebe als eine Erweiterung seiner Persönlichkeit. Von den gemeinsamen Söhnen Delio (*1924) und Giuliano (*1926) hat er den zweiten nie gesehen.

1924 Von Wien aus versucht Gramsci, die durch Verhaftungen geschwächte Partei wieder aufzubauen. Am 6. April wird er im Wahlkreis Veneto zum Abgeordneten gewählt und kehrt nach Rom zurück.

1926 Trotz parlamentarischer Immunität wird er am 8. November in seiner Wohnung festgenommen, in strenge Einzelhaft gesetzt und im Dezember auf die Insel Ustica (bei Sizilien) verbannt.

1928 Das Urteil in Rom folgt mit 20 Jahren, 4 Monaten und 5 Tagen Haft dem Antrag des Staatsanwalts, der »für zwanzig Jahre verhindern [will], dass dieses Gehirn funktioniert«. Gramsci wird ins Sondergefängnis in Bari überstellt, wo er erst im darauffolgenden Jahr Schreiberlaubnis in der Zelle erhält. Bindeglied zur Welt wird fortan seine Schwägerin Tanja Schucht, die den Kontakt trotz aller Schwierigkeiten stets aufrechthält. Der Ökonom Piero Sraffa fungiert als Mittelsmann zur Partei.

1930 Die Gefängnisroutine zehrt an Gramscis Gesundheit. Weil er seine Positionen nicht dem stalinistischen Kurs der KPI angleicht, gerät er in zunehmende Isolation auch unter den Mitgefangenen.

1933 Gramsci erleidet eine lebensbedrohende gesundheitliche Krise. Er weigert sich, ein Gnadengesuch einzureichen. Nach langer Wartezeit wird er in die Krankenabteilung des Gefängnisses von Civitavecchia und (noch immer in Haft) in eine Klinik nach Formia verlegt.

1937 Am 27. April stirbt Gramsci an den Folgen einer Hirnblutung. Seine Asche wird in Rom unter Ausschluss der Öffentlichkeit auf dem Friedhof Verano beigesetzt und nach der Befreiung auf den Englischen Friedhof überführt.

Sach- und Personenregister

Thomas Barfuss, geb. 1961, hat in Zürich Sprachen und Literatur studiert und an der FU Berlin promoviert. Er ist Sprachlehrer, Kulturwissenschaftler und Fellow beim Berliner Institut für kritische Theorie (InkriT). 2002 erschien seine historische Spießerstudie *Konformität und bizarres Bewusstsein*, 2007 gab er den Gramsci-Reader *Amerika und Europa* heraus. Zahlreiche Veröffentlichungen in Zeitschriften (*Argument*, *Cultural Studies* u.a.).

Peter Jehle, geb. 1954, hat in Heidelberg und Berlin Deutsch, Französisch und Spanisch studiert, an der FU Berlin promoviert. Als Übersetzer und Mitherausgeber an der deutschen Ausgabe von Gramscis *Gefängnisheften* beteiligt. Mitherausgeber der Zeitschrift *Das Argument* und des *Historisch-kritischen Wörterbuchs des Marxismus*. Jüngste Buchveröffentlichung: *Zivile Helden. Theaterverhältnisse und kulturelle Hegemonie in der französischen und spanischen Aufklärung* (Hamburg 2010).